はじめに

　子どものころは、辛いものや香りの強いものは苦手だったのに、ヨーロッパに留学してから、スパイスやハーブを使った料理が大好きになりました。私が留学していたドイツやフランスではキッチンの窓辺にハーブがあって、煮込み料理やパスタなどにたっぷりと使っていました。
　スパイスも同様で、塊の肉にたっぷりと気軽にスパイスをまぶしたり、魚にスパイスを詰めて焼いたりなどシンプルなのに、いい香りがしてすごく幸せな気分になったことを覚えています。
　結婚してからも、夫婦揃って香りのものが大好きなので、スパイスやハーブを常備しています。その中でも一番使うのはコショー。ホールをつぶしたり、粗く挽いたりとコショー挽きだけで、10種類位はあると思います。ナツメッグも挽きたてはすごく美味しいので、必ずその場で挽くようにしています。
　今回ご紹介したメニューは、普段よく作るメニューにスパイスやハーブを足していますので、スパイシーになりご飯にとても合うものです。スパイスやハーブを買ったけど一回使ったきりなんてことをよく聞きますが、この本ではよく使うスパイスを選んで普段のおかずにぴったりのものをご紹介しています。スパイスやハーブを使うといつもの料理がワンランクアップします。自由自在に使って、スパイス&ハーブライフを始めてみましょう。

祐成二葉

スパイスとハーブについて ……… 004
スパイスとハーブの形態と
分類について ……… 004
スパイスとハーブの3つのチカラ ……… 005
本書で使用したスパイス&ハーブ ……… 006

001
スパイス&ハーブを
気軽に使って
おいしい料理

焼き野菜のクミン風味マリネ ……… 008
カラフルカナッペ ……… 010
揚げなすのガーリック風味 ……… 012
長いものバジルチャーハン ……… 014
ピリ辛漬け物の雑炊 ……… 016
小松菜と油揚げのオレガノ風味炒め
……… 018
ターメリックバターの焼きおにぎり
……… 019
ごぼうと鶏肉のナツメッグ風味きんぴら
……… 020
かぼちゃとアンチョビーのソテー ……… 021
大根のバジル風味ゆずみそ ……… 022
オニオンリングのハーブマヨ ……… 023
かぶのごまだれ和え ……… 024

002
スパイス&ハーブの
魅力をとことん味わう
多彩なカレー

にぎやか野菜のヘルシーカレー ……… 026
じゃがいもとひよこ豆のカレー ……… 028
カレーがおいしくなるごはん6種 ……… 030
揚げれんこんと豚肉のチャイニーズカレー
……… 032
大根と鶏肉のタイ風カレー ……… 033
揚げたけのことひき肉の和風カレー
……… 034

003
スパイス&ハーブを
使いこなす
ごちそう

ゆで豚のハーブたれ ……… 036
いか団子のパセリあんかけ ……… 038
厚揚げと大豆のチリソース煮 ……… 040
えびのハーブフライ ……… 042
五香粉風味の肉じゃが ……… 044
はちみつ豚のロースト ……… 046
ポテトチーズコロッケ ……… 048
スパイシー竜田揚げ ……… 050
パプリカチキンのクラブハウスサンド
……… 051
ぶりの胡椒風味照り焼き ……… 052

スパイス&ハーブ簡単レシピ　目次

004
毎日楽しみたい！
サラダのアレンジ

- ミックスビーンズとオレンジの
  ヨーグルトサラダ ……… 054
- 大根とパプリカのサラダ
  スパイシーオイルかけ ……… 056
- ローレル風味のゆで卵サラダ ……… 058
- 焼き白菜のイタリアンサラダ ……… 059
- きゅうりとトマトのオレガノ風味サラダ
  ……… 060

005
香りと彩りが
嬉しいパスタ

- レモンとサフランのクリームパスタ ……… 062
- カレー風味のボンゴレ ……… 064
- ソーセージとマカロニのグラタン ……… 066
- そうめんのペペロンチーノ ……… 068
- シンプルトマトソースのペンネ ……… 070
- いわしとハーブの和風パスタ ……… 071
- 中華麺のハーブかき揚げ ……… 072

006
おいしさがしみる
幸せスープ

- 鶏団子と青梗菜のトマトスープ ……… 074
- 牛肉のローズマリー風味シチュー ……… 076
- スパイシーチーズフォンデュ ……… 078
- アジアン豚汁 ……… 080
- にらともやしのターメリック中華スープ
  ……… 082

007
心も体もいやす
ティータイム

- レモングラス＋ミント＋タイムのハーブティー
  ……… 084
- シナモン風味のチャイ ……… 086
- ローズマリーとグレープフルーツの
  アイスティー ……… 087
- カルダモン風味のラテ ……… 088
- バジルヨーグルトドリンク ……… 089

- 本書で紹介したメニューに使用した
  スパイスとハーブの特徴 ……… 090
- フレッシュハーブのご紹介 ……… 094
- スパイス＆ハーブの保存方法 ……… 094

contents

スパイスとハーブについて

"スパイスとハーブの定義"や"スパイスとハーブの区分"については、国によっても専門家によってもさまざまな考え方があります。ひとつの考え方をご紹介しますと、「スパイスとハーブとは、香りのある植物の一部で、料理、園芸、クラフトなど、人の生活に関わる何らかの分野で有益な役割を果たすもの」です。たとえば料理に対しては、味にメリハリをつけたり、おいしそうな香りをつけたり、彩りよく仕上げたりしてくれる名脇役として活躍してくれます。

また、スパイスとハーブの区分については、明確な定義はありませんが、利用する部位（種子、根、果実、葉、花など）によって大別するのが一般的です。

いつもの調理にちょっと使うだけで、風味豊かに、そしておしゃれに変身させてくれるスパイスとハーブを、ぜひ毎日のお料理に取り入れてみましょう。

スパイスとハーブの形態と分類について

スパイスとハーブは、それぞれが個性的な香りや辛み、色などを持っていて、使用するときの形態もフレッシュやドライがあったり、同じスパイスでもホールからパウダーまでさまざまな粒度のものがあり、使う楽しみは無限に広がります。また、スパイスとハーブは中身の混合により「単品、ミックス、シーズニング」に分類されます。

混合による分類

単品
他のスパイスや調味料などと混ぜ合わされていない、1種類のスパイスとハーブです。

ミックス
複数のスパイスやハーブをミックスしたもので、代表的なものにカレーパウダー、ガラムマサラ、エルブドプロバンスなどがあります。ミックスすることで、香りに幅、厚み、深みが生み出されます。

シーズニング
スパイスやハーブに塩、砂糖などの調味料をミックスしたもので、代表的なものにシナモンシュガー、ハーブソルトなどがあります。スパイスやハーブの風味付けと同時に味もつけることができます。

粒度の違い

ホール
スパイスとハーブの原形のもの。
香りが飛びにくいので、長時間加熱するような料理に最適。また、ミルで挽いたりふきんに挟んでから棒でたたくなどして砕いて使うと香り高い風味を楽しめます。

あらびき
ホールを粗めに粉砕し、粒度を調えたもの。
パウダーより香りが飛びにくく、ホールより香りを出しやすいので、調理中や下ごしらえに使うと便利です。

パウダー
ホールを細かく粉砕したもの。
粒子が細かいので、下ごしらえで素材にまぶして使ったり、瞬時に香りがたつので仕上げに振りかけたりして使うのが便利です。

スパイスとハーブの働き

スパイスとハーブがもつチカラは、
料理に対して次のような働きをします。

- 香 香り………おいしそうな香りをつけたり、臭みを和らげる働き
- 色 色…………料理に色をつけたり、彩りよく仕上げる働き
- 辛 辛み………料理に辛みをつける働き

　本書では、各スパイスがその料理に対してどのような働きをしているのか、上記のマークを各レシピで使用しているスパイスやハーブの名称の後につけてあります。参考にしてください。

スパイスとハーブの3つのチカラ

香り
香りをつけたり、
においを消す。

色
食卓を
おいしそうな色で彩る。

辛み
ピリリ、ヒリヒリ、ツーンとした
辛みをつける。

本書で使用したスパイス＆ハーブ

香り
五香粉
オレガノ 
ガーリック（にんにく） 
ガラムマサラ
カルダモン 
カレーパウダー
クミン 
シナモン 
タイム 
ナツメッグ 
バジル 
パセリ

ペパーミント 
レモングラス 
ローズマリー 
ローレル

臭みを和らげる
クミン 
ナツメッグ 
ローズマリー 
ローレル

色
カレーパウダー
サフラン
ターメリック
パプリカ

辛み
チリパウダー
唐辛子（チリーペッパー）
ブラックペッパー
ホワイトペッパー

スパイス＆ハーブを
気軽に使って
おいしい料理

001

スパイス&ハーブを気軽に使っておいしい料理

焼き野菜のクミン風味マリネ

彩りも鮮やかな野菜を、
クミンの独特な香りで包み込みました。
素材の歯ごたえも楽しめます。

材料（4人分）

パプリカ（黄色）	$1/2$ 個
れんこん	200g
アスパラ	4本
ラディッシュ	4個
クミン（ホール）香	小さじ $1/2$
塩	小さじ $1/4$
レモン汁	大さじ1
オリーブ油	大さじ1
ブラックペッパー（あらびき）辛	小さじ $1/4$

作り方

1 パプリカ、れんこん、アスパラ、ラディッシュは食べやすい大きさに切りグリルで焼き、パプリカは皮をむく。
2 1に、クミン、塩をまぶし、レモン汁、オリーブ油、ブラックペッパーで味付けする。

野菜はごろごろに切るのがコツ。グリルで焼くので香ばしく、クミンをふることにより野菜の旨味が引き立ちます。

01 スパイス&ハーブを使う時のコツ

まずは少量から試しましょう
スパイスやハーブは、種類や形によって効き方が絶妙に変わってきます。入れすぎて失敗しないよう、まずは少量から試しましょう。そしてちょっとずつ味見をしながら量を増やし、お好みの量を見つけ出しましょう。

スパイス&ハーブを気軽に使っておいしい料理

カラフルカナッペ

3つの香りと色を活かしてカリッと焼いたバゲット。
トッピングのバリエーションも楽しめます。

材料（4人分）
フランスパン（1cm厚さの薄切り） ……… 12枚
┌ パセリ（ホール）香 ……………… 小さじ1/4
└ オリーブ油 …………………………… 小さじ2
┌ パプリカ（パウダー）色 ………… 小さじ1/4
└ オリーブ油 …………………………… 小さじ2
┌ ターメリック（パウダー）色 …… 小さじ1/8
└ オリーブ油 …………………………… 小さじ2
生ハム ……………………………………… 16枚
ルッコラ …………………………………… 16枚
プチトマト ………………………………… 8個
ピクルス …………………………………… 8個

作り方
1 オリーブ油に、パセリ、パプリカ、ターメリックをそれぞれ混ぜる。
2 フランスパンに1のオイルを塗り、トーストする。
3 生ハム、ルッコラ、プチトマト、ピクルスなどを彩りよくのせて。

オリーブ油にパセリ、ターメリック、パプリカを入れ、混ぜて使います。パンに塗ったり、ゆでたじゃがいもやにんじん、ブロッコリーなどにかけてもおいしくいただけます。

010

スパイス&ハーブを気軽に使っておいしい料理

揚げなすのガーリック風味

にんにくの香りとワイン酢でまろやかに仕上げたマリネ。
とろりとしたなすと赤玉ねぎの食感が楽しめます。

材料（4人分）
なす	4本
ガーリック（あらびき）香	小さじ1
レモン汁	大さじ2
白ワイン酢	大さじ4
粒入りマスタード	大さじ1
赤玉ねぎ（みじん切り）	大さじ4
砂糖	小さじ2
ブラックペッパー（あらびき）辛	小さじ1/4
塩	小さじ1/2
揚げ油	適宜
チャイブ（フレッシュ）	適宜

作り方
1 なすは、4等分に切り、斜めに切り込みを入れ中温の油で揚げる。
2 バットに、白ワイン酢、ガーリック、レモン汁、マスタード、赤玉ねぎ、砂糖、塩、ブラックペッパーを合わせ、1のなすを熱いうちに入れて味をなじませる。
3 皿に盛り、チャイブをのせて。

スパイス&ハーブを気軽に使っておいしい料理

長いものバジルチャーハン

ハーブの清涼感と香り、そして風味を活かしました。
おしゃれに変身した長いもはお肉ともお魚とも合います。

材料（4人分）

長いも（5cm長さの棒状に切る）	200g
バジル 香	小さじ1/4
塩	小さじ1/2
ブラックペッパー（あらびき）辛	小さじ1/4
炊いたごはん	400g
サラダ油	大さじ1
おろししょうが	小さじ1/2
おろしにんにく	小さじ1
輪切り唐辛子 辛	小さじ1
アンチョビー	2切れ
サラダ油	適宜
バジル（フレッシュ）	4枚

作り方

1 長いもは多めの油で焼き、塩、ブラックペッパー、バジルをまぶす。

2 フライパンに、サラダ油大さじ1をひき、しょうが、にんにく、唐辛子を炒め、アンチョビー、炊いたごはんも加えて炒める。

3 味をみて塩、ブラックペッパーを加減してふり、長いもを加えて混ぜ、バジルをふる。

長いもは角切りにし、強火でしっかりと焼き色をつけるのがコツ。外は香ばしく中はほっくりとしてきます。バジル風味が長いもの味のアクセントになります。

02 FD（フリーズドライ）って？

フリーズドライとは、食品を−30〜−40℃で一気に凍らせた後、真空状態にして水分を抜き取る保存技術のことです。スパイス&ハーブをフリーズドライ製法で乾燥させると色をきれいに保つことができるので、彩りとして仕上げに使うのがおすすめです。

ピリ辛漬け物の雑炊

卵のやさしい味とたくあんの
ピリリとした口あたりが調和。
ごまも加えていただく、体にやさしいメニュー。

材料（4人分）

たくあん（千切り）	160g
ブラックペッパー（あらびき）辛	小さじ1/4
チリーペッパー（パウダー）辛	小さじ1/2
ごま油	大さじ2
炊いたごはん	400g
かつおのだし汁	6カップ
しょうゆ	大さじ2
塩	小さじ1/2
ねぎ	120g
溶き卵	4個
しそ（千切り）	10枚
ごま	小さじ1

作り方

1 フライパンに、ごま油をひきたくあんを炒め、ブラックペッパー、チリーペッパーをふる。
2 炊いたごはんに、湯をかけてぬめりをとる。
3 鍋に、ごはん、だし汁、しょうゆ、塩を入れて沸かし、ねぎ、溶き卵を加えて蒸らす。
4 3に1と千切りにしたしそ、ごまをのせて。

炒めた漬け物はご飯にとてもよく合います。さらに唐辛子や、挽きたてコショーをふりかけると、ピリ辛になり、お酒のおつまみにも。

---

03 和からし、本からし、マスタードの違いは？

スーパーなどで見かけるからしには、和からし、本からし、マスタードなどがあります。どれもからし菜の種からできるスパイスですが、風味に大きな違いがあります。一般的に和からしと呼ばれるものは辛み成分が大変強く、ツーンと鼻に抜ける感覚が特徴です。本からしや「和」のついていないからしは、原料のからし菜の和からしと洋からしをブレンドさせたもので、辛みは和からしより控えめで、食材や料理を問わず、さまざまに活用されます。マスタードは辛さがあまりなく、ビネガーを加えているものが多く、マヨネーズ感覚で味わえます。

スパイス&ハーブを気軽に使っておいしい料理

小松菜と油揚げのオレガノ風味炒め

シンプル素材でつくるおかず。ほろ苦さを足して、
地中海風の香り漂う一品になりました。

材料（4人分）
小松菜（5cm長さに切る）……………… 1袋
油揚げ（短冊切り）……………………… 1枚
サラダ油 ………………………………… 大さじ2
オレガノ（ホール）香 ………………… 小さじ1
日本酒 …………………………………… 大さじ1
みりん …………………………………… 大さじ1
しょうゆ ………………………………… 大さじ1

作り方
1 フライパンに、サラダ油をひき、油揚げを炒める。
2 1に、小松菜を加えてさっと炒め、オレガノをふり、酒、みりん、しょうゆで味付けする。

ターメリックバターの焼きおにぎり

バターの風味にクミンのカレーにも似た香りがマッチ。
おにぎりにほかのスパイスも使ってみたくなります。

材料（4人分）
- 炊いたごはん ……………………… 320g
- プロセスチーズ（5mm角に切る）…… 50g
- 塩 ………………………………… 適宜
- ターメリック（パウダー）色 …… 小さじ$\frac{1}{8}$
- 有塩バター ……………………… 15g
- クミン（ホール）香 …………… 小さじ$\frac{1}{3}$
- パセリ（ホール）香 …………… 小さじ$\frac{1}{4}$

作り方
1. バターを溶かしターメリックと混ぜる。
2. ごはんにチーズを加えて混ぜる。
3. 手に塩をつけて**2**のごはんを三角に握り、**1**のバターを塗りクミンをふって、オーブントースターで焼く。
4. 焼き色がついたら取り出し、パセリをふって。

スパイス&ハーブを気軽に使っておいしい料理

ごぼうと鶏肉のナツメッグ風味きんぴら

シンプルな味にナツメッグのエキゾチックな香りがさえます。
食物繊維もたっぷりでお腹も喜ぶ一品。

材料（4人分）
- 鶏挽き肉 …………………… 100g
- ごぼう（ささがき）………… 1本
- ごま油 ……………………… 大さじ1
- ナツメッグ（パウダー）香 … 小さじ1/2
- 砂糖 ………………………… 大さじ1
- しょうゆ …………………… 大さじ1

作り方
1 フライパンに、ごま油をひき、鶏肉を炒め、ごぼうを加える。
2 1に、砂糖、しょうゆで味付けし、ナツメッグを加える。

かぼちゃとアンチョビーのソテー

野菜の色をより引き立ててくれるターメリック。
にんにくの香りで飽きのこない味わいになりました。

材料（4人分）
- かぼちゃ（5mm厚さの薄切り）…… 400g
- オリーブ油 ……………………… 大さじ4
- アンチョビー（みじん切り）…… 4尾
- 塩、ブラックペッパー（あらびき）… 各少々
- ガーリック（あらびき）香 …… 小さじ1/2
- ターメリック（パウダー）色 …… 小さじ1

作り方
1. フライパンに、オリーブ油を半量ひき、かぼちゃに焼き色をつける。
2. 1に、アンチョビー、残りのオリーブ油を加えて、塩、ブラックペッパーをふる。
3. ターメリックとガーリックをふりかけてさっと混ぜ皿に盛る。

スパイス&ハーブを気軽に使っておいしい料理

大根のバジル風味ゆずみそ

「ハーブの王様」バジルの香りと柑橘のさわやかさがみごとに調和。
かぶや里いもでも応用できます。

材料（4人分）
大根（2.5cm厚さのもの） ………… 4個
バジル（ホール）香 ………… 小さじ1
ローレル（ホール）香 ………… 1枚
水 ………… 2カップ
ゆずみそ
　ゆずの汁 ………… 大さじ$1\frac{1}{2}$
　ゆずの皮 ………… 1個分
　白みそ ………… 75g
　砂糖 ………… 大さじ$1\frac{1}{2}$
　みりん ………… 大さじ$1\frac{1}{2}$
バジル（フレッシュ） ………… 4枚

作り方
1 鍋に、水2カップ、大根、バジル、ローレルを入れて大根がやわらかくなるまで40分位煮る。
2 小鍋に、白みそ、砂糖、みりん、ゆずの汁、皮を加えて火にかける。
3 大根に**2**のゆずみそとバジルを添えて。

オニオンリングのハーブマヨ

ローズマリーのすがすがしい香りを含んだマヨネーズが
玉ねぎの甘みにぴったり。野菜のディップにも使えるソースです。

材料（16個分）

玉ねぎ（1.5cmの輪切り）	1個
強力粉	適宜
卵	1個
パン粉	大さじ8
パルメザンチーズ	大さじ2
マヨネーズ	1/4カップ
ホワイトペッパー（あらびき）辛	小さじ1/2
ローズマリー（パウダー）香	小さじ1/4
揚げ油	適宜
ローズマリー（フレッシュ）	1枝

作り方

1 玉ねぎに、粉、卵、パルメザンチーズを混ぜたパン粉の順に衣をつけ、油で揚げる。
2 マヨネーズに、ホワイトペッパー、ローズマリーを加えて混ぜ1に添える。ローズマリーを飾って。

スパイス&ハーブを気軽に使っておいしい料理

かぶのごまだれ和え

ごまの香ばしさ、かぶのやさしい甘み、
そしてチリーペッパーのかすかな辛みのハーモニー。新しい和の味わいです。

材料（4人分）
- かぶ（8等分のくし切り） ……… 2個
- 塩 …………………………… 小さじ1/2
- 白すりごま ………………… 大さじ1
- しょうゆ …………………… 小さじ1
- 砂糖 ………………………… 小さじ2
- チリーペッパー(パウダー)辛 …… 小さじ1/8
- だし汁 ……………………… 大さじ1

作り方
1. かぶは塩もみし、重しをして30分位おく。
2. 1に、すりごま、しょうゆ、砂糖、チリーペッパー、だし汁を合わせて混ぜる。

スパイス&ハーブの
魅力をとことん味わう
多彩なカレー

002

スパイス＆ハーブの魅力をとことん味わう多彩なカレー

にぎやか野菜のヘルシーカレー

ていねいに炒めた玉ねぎの甘みをベースにして
深い味わいに。
オレガノの素朴な香りが素材のおいしさを引き立てます。

材料（4人分）

かぼちゃ（薄切り）	200g
なす（焼いてから皮をむき4等分して半分の長さに切る）	4本
ズッキーニ（5cm長さの棒状に切る）	1本
いんげん（半分の長さに切る）	8本
塩	小さじ1/2
オリーブ油	大さじ1
玉ねぎ（薄切り）	3個
オリーブ油	小さじ1
強力粉	大さじ2
カレーパウダー 香	大さじ2
パプリカ（パウダー）色	大さじ1
オリーブ油	大さじ2
コンソメスープ	5カップ
牛もも肉薄切り	200g
オリーブ油	小さじ2
塩、ブラックペッパー（あらびき）	各少々
赤ワイン	1/4カップ
おろししょうが	小さじ1
おろしにんにく	小さじ1
オレガノ（ホール）香	小さじ1
塩	小さじ1

作り方

1 野菜はグリルで焼き、塩をふってオリーブ油大さじ1とあえる。
2 玉ねぎはオリーブ油小さじ1を加えて茶色くなるまで炒める。
3 2に、強力粉、カレーパウダー、パプリカをふり、オリーブ油大さじ2を加えて炒める。
4 3に、コンソメスープを加えてのばす。
5 フライパンにオリーブ油小さじ2をひき塩、ブラックペッパーをふった牛肉に焼き色をつけ赤ワインをふりかける。
6 4に5の肉を加えて30分位煮、仕上げにしょうが、にんにく、オレガノを加え塩で味を調える。
7 皿に、ごはんと野菜を盛り、6のルウをかける。

アメ色になるまで炒めた玉ねぎに、スパイスを加えて炒めさらに風味を出します。火加減を弱火にし、さらにオリーブ油を加えることにより炒めやすくなります。

---

04 いつものカレーをおいしくするコツ

玉ねぎをしっかりとアメ色になるまでよく炒めること。焦がさないようにかき混ぜながら、コトコトよく煮込むこと。最後にコショーやガラムマサラで、コク・風味を豊かにすること。この3点がカレーを驚くほどおいしくさせる基本のコツです。

じゃがいもとひよこ豆のカレー

すりおろしたじゃがいもでまろやかさととろみを出しました。ヨーグルトとトマトのほのかな酸味でさっぱりといただけます。

材料（4人分）

じゃがいもすりおろし	1個分
玉ねぎ（薄切り）	2個
オリーブ油	小さじ1
ターメリック（パウダー）色	大さじ1
カレーパウダー 香	大さじ2
チリパウダー 辛	小さじ1
クミン（ホール）香	小さじ1
塩	小さじ$1/2$
ブラックペッパー（あらびき）辛	小さじ$1/2$
ひよこ豆（もどしてやわらかくなるまでゆでる）	100g
ヨーグルト	$1/4$カップ
トマトペースト	大さじ1
コンソメスープ	4カップ
じゃがいも（一口大に切る）	3個
はちみつ	大さじ1
ウスターソース	大さじ1
塩	小さじ2
バター	20g
生クリーム	50cc

作り方

1. フライパンに、オリーブ油をひき、玉ねぎを茶色くなるまで炒める。
2. 1に、じゃがいものすりおろし、ターメリック、カレーパウダー、クミンをふり、チリパウダー、塩小さじ$1/2$、ブラックペッパー小さじ$1/2$を加えて炒める。
3. 2に、ヨーグルト、トマトペースト、コンソメスープ、ひよこ豆、一口大に切ったじゃがいもを加えて15分位煮、塩小さじ2、ウスターソース、はちみつで味付けする。
4. 仕上げに、バターと生クリームを落とす。

じゃがいものすりおろしに、スパイスを加えてさらに炒めます。すりおろしが入っているので、これがルウのとろみになります。焦げやすいので時々かき混ぜましょう。

> スパイス&ハーブの魅力をとことん味わう多彩なカレー

ローズマリー&カリカリベーコンライス

すがすがしい香りとベーコンのコクがひとつになりました。野菜たっぷりのカレーでいただきましょう。

材料（4人分）
炊いたごはん ……… 200g
ベーコン（5mm幅に切る）
 ……………………… 2枚
ローズマリー（パウダー）香
 ………………… 小さじ1/8
塩 ……………… 小さじ1/8

作り方
1 ベーコンはカリカリに炒める。
2 炊いたごはんに1、ローズマリーを混ぜ、塩で味を調える。

パプリカ&ガーリックライス

にんにくの風味と淡い赤色で子どもから大人まで人気のごはん。グラタンにも合います。

材料（4人分）
炊いたごはん ……… 200g
パプリカ（パウダー）色
 ………………… 小さじ1/2
ガーリック（あらびき）香
 ………………… 小さじ1/4
塩 ……………… 小さじ1/8

作り方
1 炊いたごはんに、パプリカを混ぜ、ガーリック、塩をふる。

パセリ&コショーライス

さわやかな香りとピリリとした口あたり。ココナッツミルクの入ったまろやかなカレーに合います。

材料（4人分）
炊いたごはん ……… 200g
パセリ（ホール）香
 ………………… 小さじ1/2
ブラックペッパー（あらびき）辛 ……… 小さじ1/2
塩 ……………… 小さじ1/8

作り方
1 炊いたごはんに、パセリ、ブラックペッパーを混ぜ、塩で味を調える。

カレーがおいしくなる
ごはん6種

ローズマリー&
カリカリベーコンライス

シナモン&レーズンライス

ドライフルーツの甘みと清涼感ある香りは、辛みのあるカレーに最適です。

材料（4人分）
米 ……………… 2合
コンソメスープ …… 340cc
シナモンスティック 香
（折る）………… 1本
ローレル（ホール）香
………………… 2枚
レーズン ……… 大さじ2

作り方
1 米に、スープ、ローレル、シナモンスティックを入れて炊飯器で炊く。
2 炊き上がったら、ローレル、シナモンスティックを取り除き、レーズンをふって。

サフランライス

美しい黄金色と甘い香りにスープの旨味をプラス。カレーをいっそう味わい深くしてくれます。

材料（4人分）
米 ……………… 2合
サフラン（ホール）色
………………… 15本位
コンソメスープ …… 360cc
玉ねぎ（みじん切り）
………………… 大さじ2

作り方
1 コンソメスープに、サフランを加えて沸騰させる。
2 炊飯器に、米、1、玉ねぎを入れて炊く。

オレガノ&ごまライス

ごまの香ばしさとハーブのほろ苦い風味がぴったりフィット。和風カレーの味わいに奥行きが生まれます。

材料（4人分）
炊いたごはん ……… 200g
オレガノ（ホール）香
………………… 小さじ1/2
黒すりごま ……… 大さじ1
塩 ……………… 小さじ1/8

作り方
1 炊いたごはんに、オレガノ、すりごまを混ぜ塩をふる。

シナモン&レーズンライス　　サフランライス　　オレガノ&ごまライス

パプリカ&ガーリックライス　　パセリ&コショーライス

スパイス&ハーブの魅力をとことん味わう多彩なカレー

揚げれんこんと豚肉のチャイニーズカレー

多彩な香りをつけたお肉と
スープを中華仕立てにしました。
赤みそでコクを出した
個性豊かな味わいです。

材料（4人分）

れんこん（1cm厚さの輪切り）	300g
塩	小さじ1/4
カレーパウダー 香	小さじ1
豚バラ肉	200g
ごま油	大さじ1
輪切り唐辛子 辛	小さじ1
おろししょうが	小さじ1
おろしにんにく	小さじ1
五香粉 香	小さじ1
カレーパウダー 香 辛	大さじ2
鶏ガラスープ	5カップ
ローレル（ホール） 香	2枚
カレールウ	40g
赤みそ	小さじ2
みりん	大さじ1
揚げ油	適宜
イタリアンパセリ（フレッシュ）	適宜

作り方

1 れんこんは素揚げし、塩、カレーパウダー小さじ1をふる。

2 鍋に、ごま油をひき、豚肉、唐辛子を入れて炒め、しょうが、にんにく、五香粉、カレーパウダー大さじ2をふり炒める。

3 2に、鶏ガラスープ、ローレル、れんこんを加えて30分位煮、カレールウをくだいて入れ、仕上げに赤みそ、みりんで味付けする。皿に盛り、イタリアンパセリを飾って。

揚げたれんこんに、カレーパウダー、塩をふりしっかりと味をつけておきます。煮込んだカレーに、れんこんを加え、赤みそ、みりんを加えてマイルドな仕上がりに。

大根と鶏肉のタイ風カレー

ローレルのさわやかな
香りが加わったスープで
お肉の旨味と大根の甘みを
引き出しました。
そして、
ココナッツミルクで
まろやかな味に。

材料（4人分）

- 大根（1cm厚さのいちょう切り） …… 300g
- 鶏ウィングスティック …… 8本
- 塩 …… 小さじ1/4
- ブラックペッパー（あらびき） …… 少々
- サラダ油 …… 小さじ1
- 玉ねぎ（すりおろし） …… 1個分
- ココナッツミルク …… 1/2カップ
- トマト水煮 …… 1缶
- ローレル（ホール）香 …… 2枚
- 鶏ガラスープ …… 3カップ
- チリパウダー 辛 …… 小さじ1/2
- カレーパウダー 香 …… 大さじ2
- チャツネ …… 40g
- おろししょうが …… 小さじ1
- おろしにんにく …… 小さじ1
- ナンプラー …… 大さじ1
- ガラムマサラ（パウダー）香 …… 大さじ1
- 香菜 …… 適宜

作り方

1. フライパンに、サラダ油をひき、塩、ブラックペッパーをふった鶏肉に焼き色をつける。
2. 鍋に、鶏ガラスープ、玉ねぎすりおろし、ココナッツミルク、トマト水煮、ローレル、1の肉、大根を入れて火にかける。
3. 2のアクを取り、チリパウダー、カレーパウダー、チャツネ、おろししょうが、おろしにんにくを加えてさらに煮る。
4. ナンプラー、ガラムマサラを加えて味を調える。皿に盛り、香菜を飾る。

大根を使ったタイ風カレー。ココナッツミルクでコクを出し、さらにトマト水煮を使ってさっぱりといただけるカレーにしました。チリパウダー、カレーパウダーの辛さに隠し味のチャツネがよく合います。

スパイス＆ハーブの魅力をとことん味わう多彩なカレー

揚げたけのこと
ひき肉の和風カレー

かつおだしに
ナツメッグの甘い香りと
上品なほろ苦さをアレンジ。
たけのこにしっかり下味を
つけるのがコツです。

材料（4人分）

たけのこ	300g
しょうゆ	小さじ2
ナツメッグ（パウダー）香	小さじ2
片栗粉	適宜
豚挽き肉	200g
ごま油	大さじ2
おろししょうが	小さじ1
おろしにんにく	小さじ1
輪切り唐辛子 辛	小さじ2
玉ねぎ（みじん切り）	2個
シナモン（パウダー）香	小さじ2
ターメリック（パウダー）色	大さじ1
カレーパウダー 香	大さじ2
強力粉	大さじ2
かつおだし汁	4カップ
カレールウ	40g
ガラムマサラ（パウダー）香	大さじ1
ウスターソース	大さじ2
揚げ油	適宜

作り方

1 たけのこは、しょうゆ、ナツメッグで味付けし、30分位おく。
2 1に片栗粉をつけて油で揚げる。
3 鍋に、半量のごま油をひき、しょうが、にんにく、唐辛子を炒め、挽き肉を加えてさらに炒める。
4 3に、残りのごま油をひき、玉ねぎ、シナモン、ターメリック、カレーパウダー、強力粉を加えてさらに炒める。
5 4に、かつおのだし汁とたけのこを加えて20分位煮つめる。
6 くだいたカレールウを加え、ガラムマサラ、ウスターソースで味付けする。

たけのこに下味をつけて揚げるとカレーとのなじみがよく、ボリューム感も出ます。たけのこのおいしい季節に作っていただきたいカレーです。

スパイス&ハーブを
使いこなす
ごちそう

003

スパイス&ハーブを使いこなすごちそう

ゆで豚のハーブたれ

ローレルのさわやかな香りを含ませて煮たお肉は、
とりどりの野菜とオリジナルのたれでいただきましょう。

材料（4人分）

- 豚バラ肉 …………………… 400g
- ローレル（ホール）香 ……… 2枚
- にんにく（つぶす）………… 2かけ
- ねぎの青いところ …………… 1本
- しょうが（薄切り）………… 4枚

たれ
- ブラックペッパー（あらびき）辛
  …………………… 小さじ1/4
- しょうゆ ………………… 大さじ2
- 米酢 ……………………… 大さじ2
- ねぎ（みじん切り）……… 1/2本
- トマトケチャップ ………… 大さじ1
- パセリ（ホール）香 ……… 小さじ1/2
- ごま油 …………………… 小さじ1

- セロリ（千切り）…………… 2本
- にんじん（千切り）………… 1本
- ねぎ（千切り）……………… 2本
- きゅうり（千切り）………… 2本

作り方

1. 鍋に、豚肉、ねぎ、しょうが、にんにく、ローレルを入れて火にかけて1時間〜1時間30分位煮る。
2. 肉がやわらかくなったら、薄切りにする。
3. セロリ、にんじん、ねぎ、きゅうりは千切りにし、氷水にさらす。
4. たれの材料を合わせ、野菜と肉に添える。

ローレルを加えてじっくりやわらかくなるまで煮ると、肉の臭みが取れます。やわらかくなったかを確認するには、竹串を刺してすーっと通ればOK。

05 肉と相性の良いスパイス&ハーブ

一般的にクセの強い素材には個性の強いスパイスを合わせると失敗がないといわれます。牛肉のヒレやサーロインにはブラックペッパーやタイム、ガーリックを軽く合わせ、煮込む時にはブーケガルニ、クローブ、オレガノなどが使われます。また、豚肉には臭みを和らげるために八角、山椒、五香粉、しょうが、セージ、ナツメッグ、クローブなどの強いスパイスがよいとされます。一方、淡白でクセの少ない鶏肉には、ローレル、シナモン、バジル、タラゴン、パプリカ、タイムなどのやさしい香りのスパイス&ハーブがよく合います。

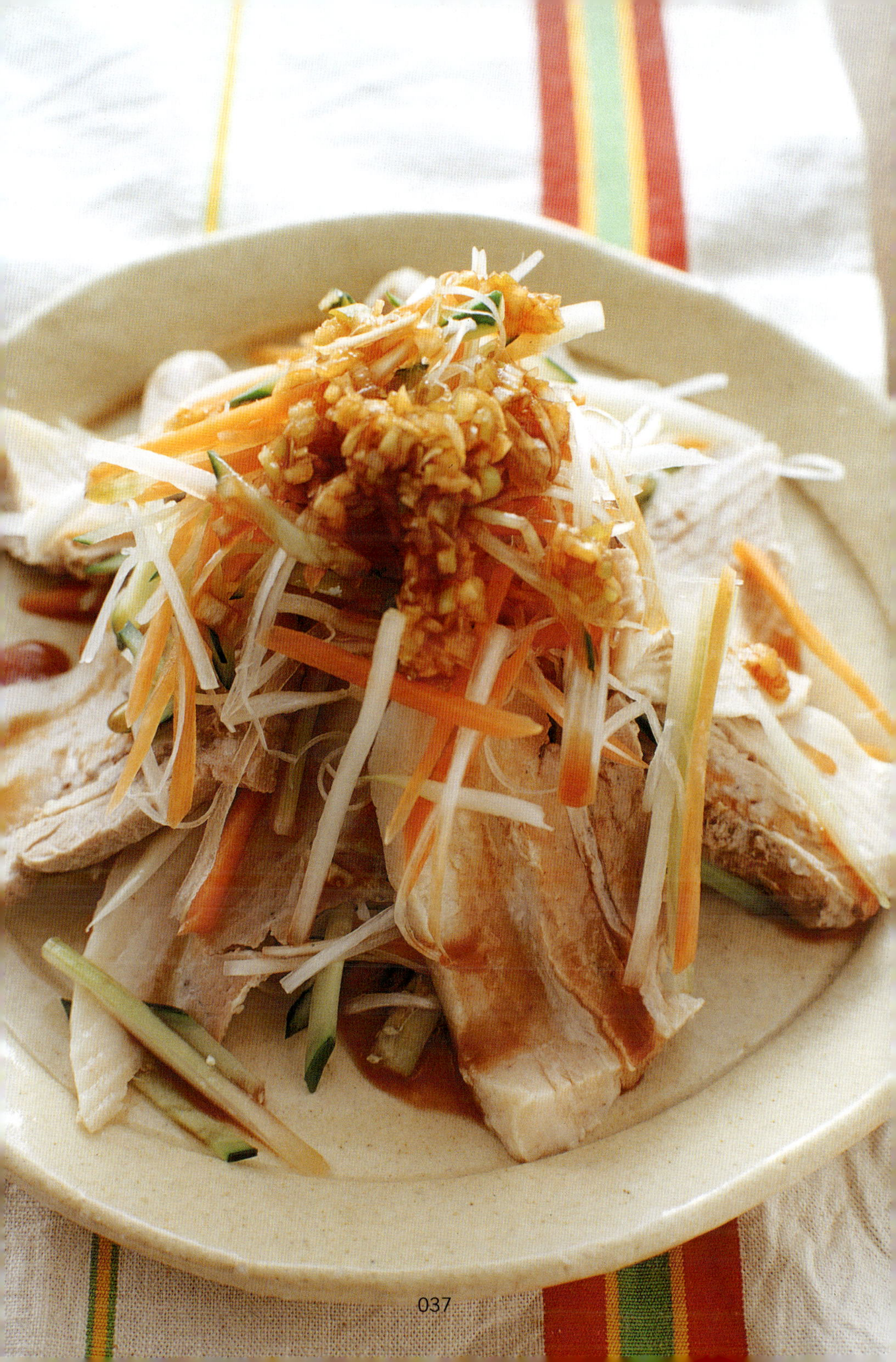

スパイス&ハーブを使いこなすごちそう

いか団子のパセリあんかけ

パプリカがのぞくお団子と野菜。
ハーブのさわやかな香りをからめました。

材料（4人分）

いか	300g
れんこん	50g
ねぎ	1/2本
卵白	大さじ1
ブラックペッパー（あらびき）辛	小さじ1/2
塩	小さじ1/4
片栗粉	大さじ1
パプリカ（5mm角に切る）	大さじ2
れんこん（1cm厚さの薄切り）	8cm位
しいたけ（軸をとる）	4枚
にんじん（5mm厚さに切り、花形に抜く）	6cm位

中華あん

中華スープ	1/2カップ
日本酒	大さじ1
しょうゆ	小さじ2
酢	大さじ1
砂糖	大さじ1
おろししょうが	小さじ1/2
パセリ（ホール）香	小さじ1
水溶き片栗粉	適宜
揚げ油	適宜
イタリアンパセリ（フレッシュ）	適宜

作り方

1 フードプロセッサーに、ねぎを入れてみじんにし、さらにいか、れんこん、卵白、塩、ブラックペッパー、片栗粉を加えて混ぜる。
2 **1**にパプリカを加えて混ぜ、小さく丸め油で揚げる。野菜も素揚げする。
3 中華あんの材料を合わせて火にかけ、沸騰したら、水溶き片栗粉でとろみをつける。
4 皿にいか団子と野菜を盛り、**3**のあんをかけイタリアンパセリを飾る。

あんにパセリを入れると彩りもきれいです。あんのとろみは薄い方が、いか団子となじんでさっぱりといただけます。

06 シーズニングスパイスにはどんなものがあるの？

スパイスに食塩や砂糖などの調味料を、香り・風味のバランスよく混ぜ合わせたものをシーズニングスパイスといいます。ごま塩や塩コショー、ハーブソルト、花椒塩、シナモンシュガーなどが代表的なものですが、最近では、ステーキ用、ピザ用、バーベキュー用など特定の料理に合わせたシーズニングスパイスも人気となっています。

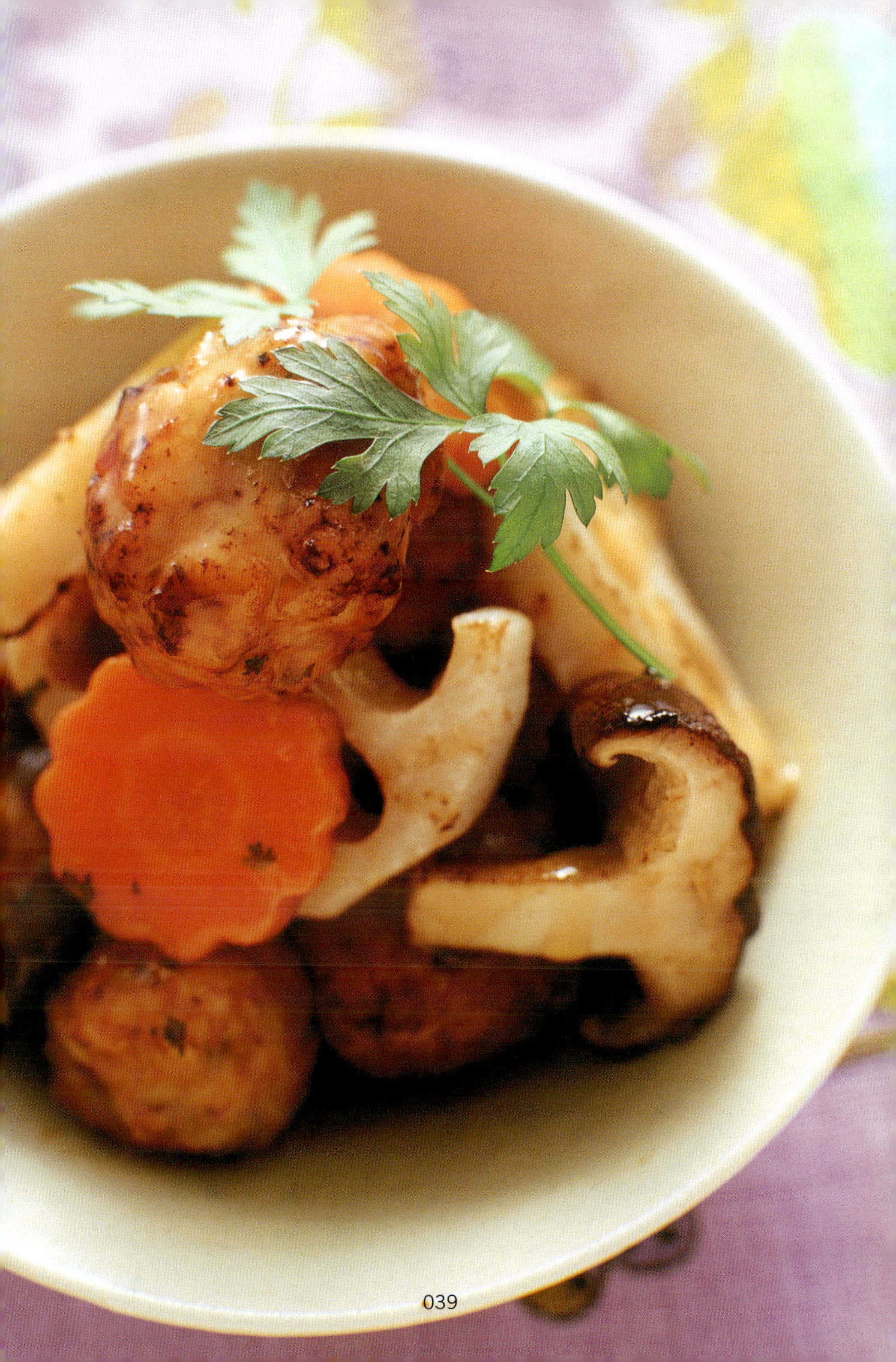

スパイス&ハーブを使いこなすごちそう

厚揚げと大豆のチリソース煮

ベーコンの旨味を加えた厚揚げと大豆にオレガノの
清涼感ある香りを添えました。
トマトの味をベースにしたボリュームのあるおかずです。

材料（4人分）

厚揚げ	2枚（400g）
ベーコン（5mm厚さに切る）	2枚
ごま油	大さじ1
塩	小さじ1/2
ブラックペッパー（あらびき）辛	小さじ1
大豆水煮	120g
オレガノ（ホール）香	小さじ1
トマト水煮	200g
輪切り唐辛子 辛	小さじ1/2
中華スープ	1カップ
砂糖	小さじ2
しょうゆ	小さじ1
塩、ブラックペッパー（あらびき）	各少々

作り方

1 フライパンに、ごま油をひき、ベーコンと厚揚げに焼き色をつけ塩、ブラックペッパーをふる。
2 1に大豆、トマト水煮、オレガノ、唐辛子、中華スープ、砂糖、しょうゆを加えてふたをして煮る。
3 20分位煮たら、塩、ブラックペッパーで味を調える。

中華風の味ですが、トマトが入るのでオレガノの風味がぴったり。厚揚げは味がしみ込みにくいので、ふたをして水分がなくなるまでしっかり煮ます。

07 スパイス&ハーブで香りしょうゆ

しょうゆにスパイス&ハーブを加え独特の香りと風味をもたせたものが香りしょうゆです。しょうゆにスライスしたにんにくと唐辛子（ホール）を加えれば、にんにくしょうゆに。カレーパウダーを加えれば、カレーしょうゆに。また、お好みのフレッシュハーブをきれいに洗い、水気をよく取ってから漬けるとハーブしょうゆになります。肉や魚を焼くときや、炒飯、焼きおにぎりなど、いろいろな料理に活用できます。

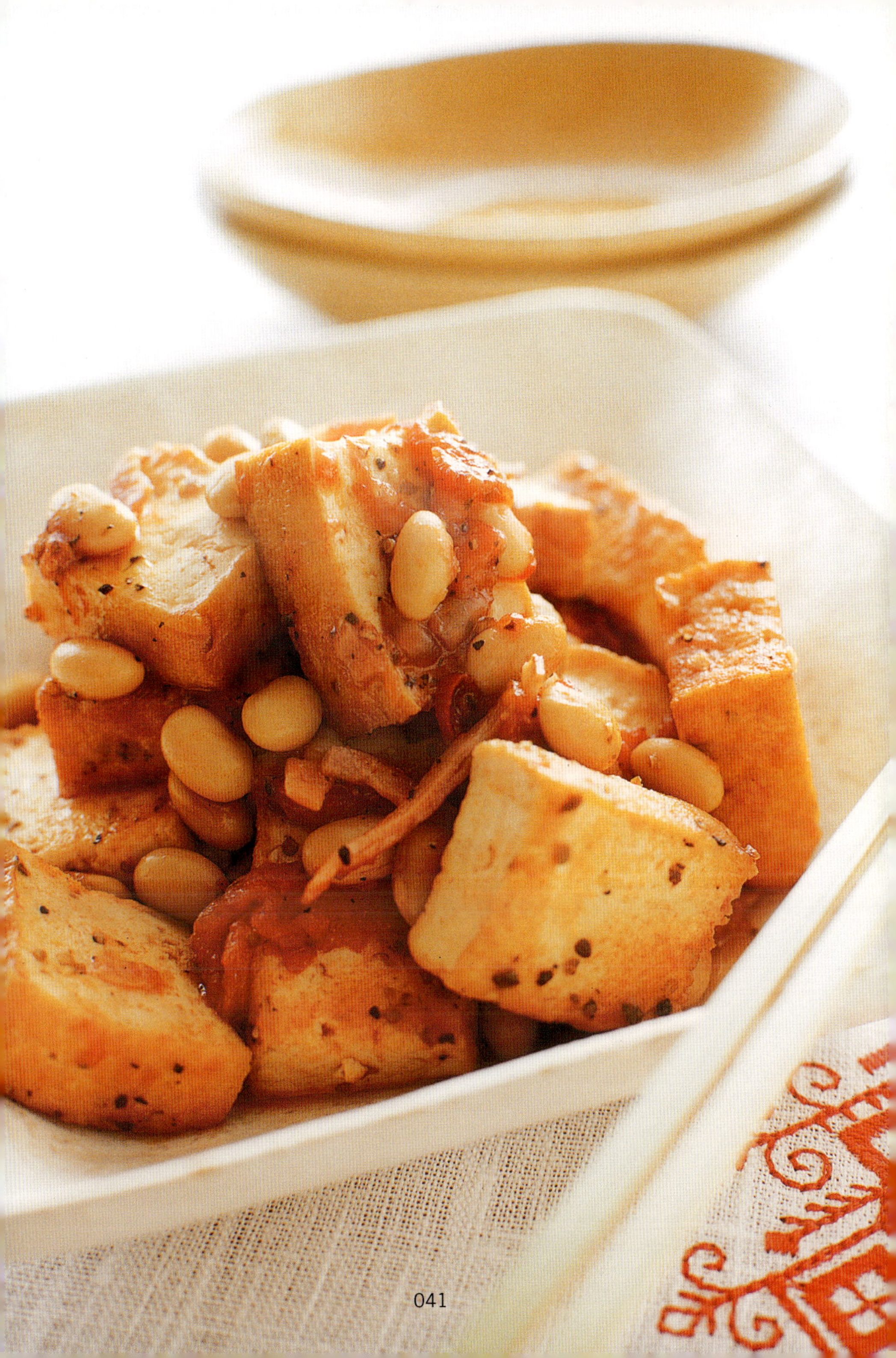

スパイス&ハーブを使いこなすごちそう

えびのハーブフライ

香り自慢の衣がえびの旨味を引き立てます。
かすかな辛みが加わったタルタルソースがおいしさをアップ。

材料（4人分）
- えび ……………………… 8尾
- 塩 ………………………… 小さじ1/4
- ブラックペッパー（あらびき）辛
  ……………………………… 小さじ1/4
- 強力粉 …………………… 大さじ4
- 卵 ………………………… 1個
- ┌ タイム（ホール）香 …… 小さじ1
- │ オレガノ（ホール）香 … 小さじ1
- └ パン粉 ………………… 30g
- タルタルソース
- ┌ ゆで卵（みじん切り）… 1個
- │ ピクルス（みじん切り）… 小さじ1
- │ ケッパー（みじん切り）… 小さじ1
- │ マヨネーズ …………… 1/4カップ
- └ チリパウダー辛 ……… 小さじ1/8
- キャベツ（千切り）……… 4枚分
- イタリアンパセリ ………… 適宜
- ウスターソース …………… 適宜
- 揚げ油 …………………… 適宜

作り方
1. えびは背わたを取り除き皮をむいて水気をしっかりとふく。
2. 1に、塩、ブラックペッパーをふり、強力粉、卵、ハーブ入りパン粉の順に衣をつけ、油で揚げる。
3. タルタルソースの材料を合わせる。
4. 皿に、2、キャベツ、イタリアンパセリを盛り、タルタルソース、ウスターソースを添える。

パン粉にタイム、オレガノを加えてハーブパン粉を作ります。衣をつける時は、均等にしっかりとつけましょう。揚げるとさらに香りが増します。

08 カールドパセリとイタリアンパセリ

そのまま飾ったり、みじん切りにしたりして、彩りや風味づけによく用いられるパセリは解毒効果をもつともいわれ、2種類あります。くるくるっと葉が縮れたカールドパセリは香りが強く、反対に葉が平らなイタリアンパセリはやわらかく香るのが特徴です。

五香粉風味の肉じゃが

ミックススパイスの個性的な香りで
チャイニーズ風に生まれ変わった和のおかず。
大ぶりの野菜にお肉の旨味がしみています。

材料（4人分）

牛もも肉薄切り	200g
ごま油	大さじ1
じゃがいも（食べやすい大きさに切る）	3個
玉ねぎ（くし切り）	1個
にんじん（食べやすい大きさに切る）	1本
五香粉 香	小さじ2
チリーペッパー（パウダー） 辛	小さじ1/2
だし汁	1カップ
日本酒	1/4カップ
みりん	1/4カップ
砂糖	大さじ2
しょうゆ	大さじ2 1/2
おろししょうが	小さじ1
おろしにんにく	小さじ1
きぬさや	8枚

作り方

1 鍋に、ごま油をひき、牛肉、玉ねぎを炒め、じゃがいも、にんじんを加える。
2 1に、五香粉小さじ1、チリーペッパーを加えてさらに炒め、だし汁、酒、みりん、砂糖、しょうゆを加えて煮る。
3 仕上げに、しょうが、にんにくを加えてさっと混ぜ、さらに五香粉小さじ1をふり、ゆでたきぬさやを飾る。

中華の代表的なミックススパイス五香粉をふって煮込むので、中華風の味付けになり、ご飯が進む一品になります。煮くずれないように中火で煮、煮上がったら少し冷ましてからいただくと味がなじんできます。

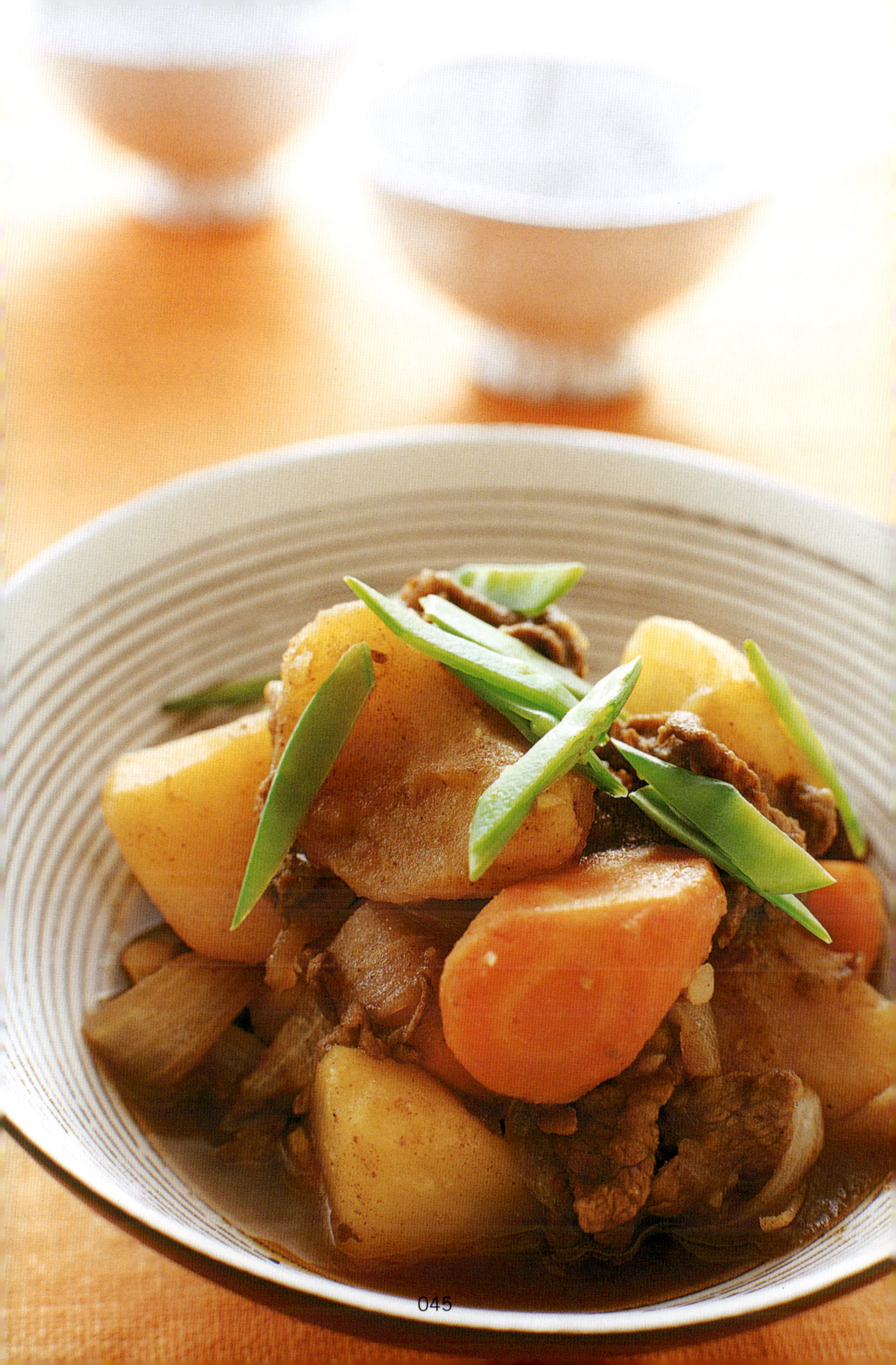

はちみつ豚のロースト

香り豊かに焼き上げたポークはローズマリーの
すがすがしい香りを含んで深い味わいになります。
さわやかなソースでいただきましょう。

材料（4人分）
豚もも肉かたまり ……………………………… 500ｇ
はちみつ ……………………………………… 小さじ2
塩 ……………………………………………… 小さじ1
チリーペッパー（パウダー）辛 ……………… 小さじ1/4
ナツメッグ（パウダー）香 …………………… 小さじ1/2
ローズマリー（パウダー）香 ………………… 小さじ1
さつまいも（2cm厚さに切る）……………… 1本
小玉ねぎ ……………………………………… 4個
マッシュルーム ……………………………… 8個
粒入りマスタード …………………………… 大さじ3
白ワイン酢 …………………………………… 大さじ3
ルッコラ（フレッシュ）……………………… 適宜

作り方
1 豚肉は、一口大に切り、塩とはちみつをすり込み1時間くらいおく。
2 1にチリーペッパー、ナツメッグ、ローズマリーをふり、オリーブ油を塗った耐熱の器に並べる。マッシュルームをのぞいた野菜も同様に並べる。
3 220℃のオーブンで30分位焼き（途中裏返す）、マッシュルームを加えてさらに焼く。
4 3に、マスタードとワイン酢を混ぜ合わせたソースをかける。
5 皿にルッコラと焼き上がった野菜、肉を盛る。

豚肉に塩とはちみつをまぶしつけることにより肉の旨味が増し、やわらかくなる作用があります。皿に並べてオーブンで焼くだけなので、おもてなしの一品にも。ナツメッグとローズマリーは肉の臭みを和らげてくれます。

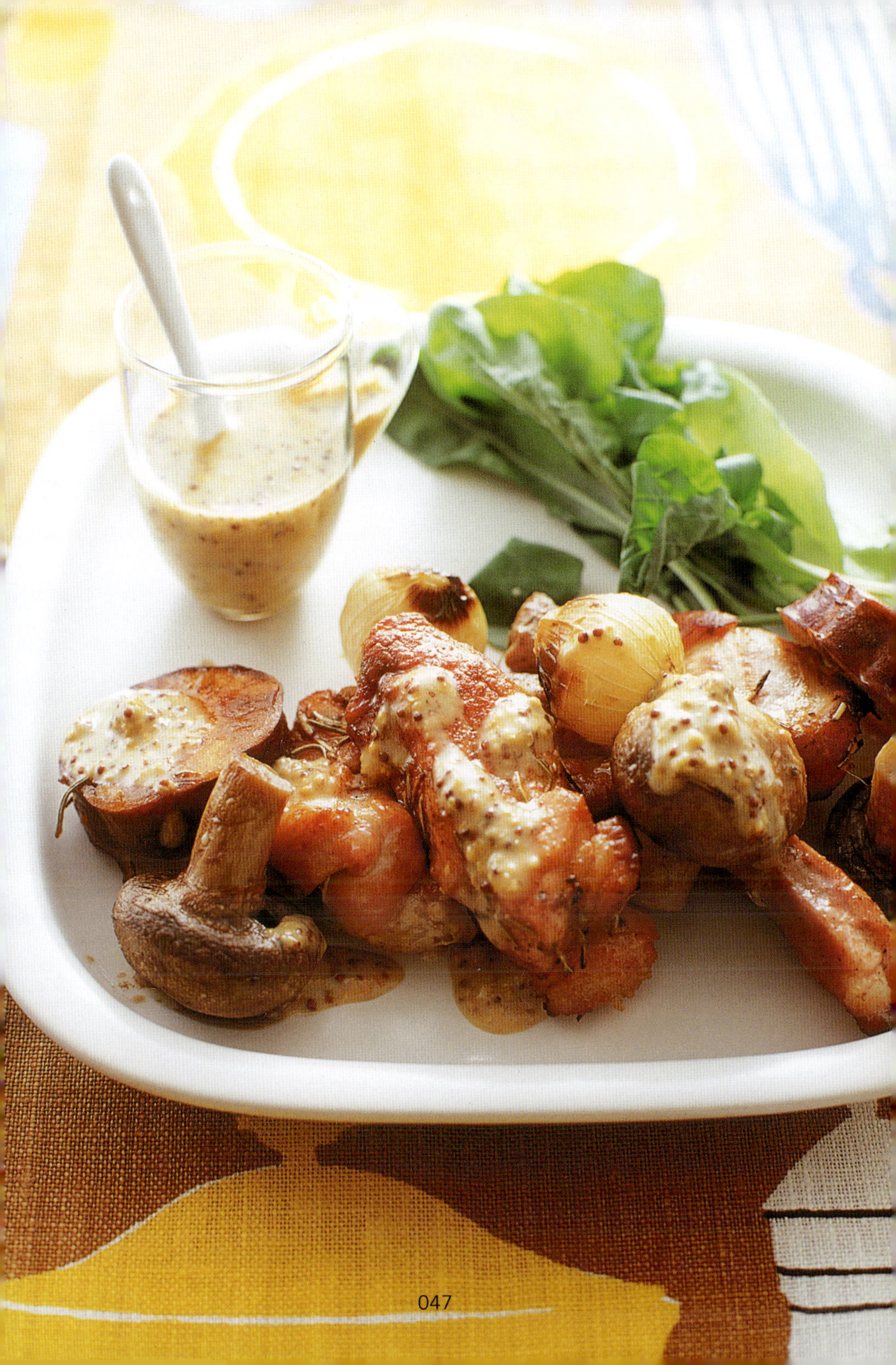

スパイス&ハーブを使いこなすごちそう

ポテトチーズコロッケ

ひき肉と玉ねぎにナツメッグの甘い香りがマッチ。
粗くつぶしたじゃがいものホクホク感がたまりません。

材料（8個分）

じゃがいも	2個
豚挽き肉	100 g
塩	小さじ1/4
ブラックペッパー（あらびき）辛	小さじ1/4
サラダ油	大さじ1
しょうゆ	小さじ1
砂糖	小さじ1
ナツメッグ（パウダー）香	小さじ1/2
玉ねぎ（みじん切り）	1/2個
カッテージチーズ	50 g
強力粉	大さじ4
卵	1個
パン粉	30 g
サラダ菜	8枚
とんかつソース	適宜
レモン	適宜
揚げ油	適宜

作り方

1. じゃがいもはゆでて皮をむいてつぶす。
2. フライパンに、サラダ油をひき、豚肉を炒め、塩、ブラックペッパーをふり、しょうゆ、砂糖で味付けし、ナツメッグをふり最後に玉ねぎを加える。火を止めてからカッテージチーズを加えて混ぜる。
3. 1と2を合わせ、粉、卵、パン粉の順に衣をつけ、油で揚げる。
4. 皿にサラダ菜、コロッケを盛り、とんかつソース、レモンを添えて。

ナツメッグは挽きたてを使うと肉の臭みを和らげると同時に風味が増します。豚肉は強火でしっかりと炒め、調味料を入れてからは焦げやすくなるので、弱火にしましょう。

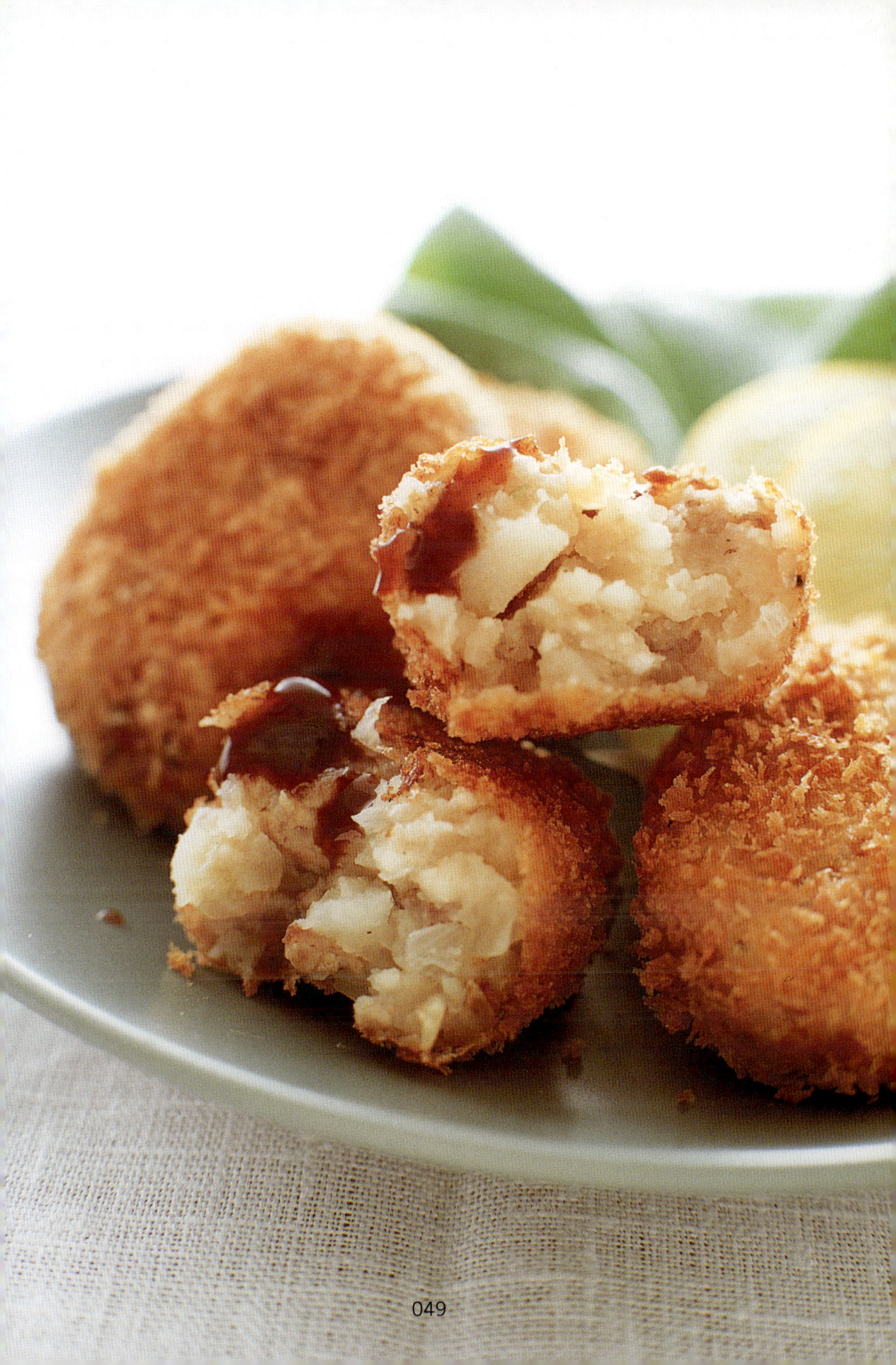

スパイス&ハーブを使いこなすごちそう

スパイシー竜田揚げ

カラッと色よく揚がったやわらかお肉。
口の中でエキゾチックな風味がふんわり漂います。

材料（4人分）

鶏もも肉	1枚（450g）
下味	
a ターメリック（パウダー）色	小さじ1/4
クミン（パウダー）香	小さじ1/4
チリパウダー 辛	小さじ1/4
ガラムマサラ（パウダー）香	小さじ1
しょうゆ	大さじ1
焼酎	大さじ1
みりん	大さじ1
おろしにんにく	小さじ1/2
片栗粉	大さじ4
クレソン	適宜
レモン	適宜
揚げ油	適宜

作り方

1 鶏肉は下味のaをつけておく。
2 1の水気を切り、片栗粉をつけて油で揚げる。
3 皿にクレソンを盛り、2の鶏肉をのせ、レモンを添える。

パプリカチキンの
クラブハウスサンド

肉汁たっぷりのもも肉に
ほのかな甘みと色を添えました。
彩りのよい野菜と楽しみましょう。

材料（4人分）
鶏もも肉（フォークで穴をあける） …… 400g
パプリカ（パウダー）色 …………… 大さじ1
おろしにんにく ………………… 大さじ1
ナンプラー ……………………… 大さじ2
オリーブ油 ……………………… 小さじ2
白ワイン ………………………… 1/2カップ
サンドイッチ用食パン …………… 8枚
有塩バター ……………………… 20g
フレンチマスタード ……………… 大さじ1
レタス …………………………… 4枚
トマト（1cmの輪切りにし種をとる） … 1個
玉ねぎ（薄切り） ………………… 1/2個
ゆで卵（輪切り） ………………… 2個

作り方
1 鶏肉に、パプリカ、にんにく、ナンプラーで下味をつけて30分おく。
2 フライパンに、オリーブ油をひき、1の肉に焼き色をつけ、白ワインを加えてふたをして中まで火を通す。
3 食パンはトーストし、バターとマスタードを塗り、レタス、そぎ切りにした2の肉、トマト、玉ねぎの順にはさみ、もう1枚のパンでサンドする。
4 重しをして休ませてから食べやすい大きさに切り、ゆで卵を飾る。

鶏肉に味をしっかりなじませるために、皮目にフォークで穴を開け、パプリカ、にんにく、ナンプラーをまぶします。焼く時は焦げやすいので、ワインを足して蒸し焼きにするといいでしょう。

スパイス&ハーブを使いこなすごちそう

ぶりの胡椒風味照り焼き

赤身の魚と相性ぴったりの
ブラックペッパー。
焼いたねぎとししとう、
白髪ねぎを添えて
大人の味わいを
楽しみましょう。

材料（4人分）
- ぶり切り身 …………………… 4切れ
- ブラックペッパー（あらびき）辛
  …………………… 小さじ2強
- サラダ油 …………………… 小さじ2
- たれ
  - しょうゆ …………………… 大さじ4
  - みりん …………………… 大さじ4
  - 日本酒 …………………… 大さじ4
  - おろししょうが …………… 小さじ1
- ししとう …………………… 16本
- ねぎ（5cm長さに切る） …………… 2本
- 白髪ねぎ …………………… 適宜

作り方
1. ぶりに、たっぷりのブラックペッパーをふり、サラダ油をひいたフライパンで焼く。
2. 1にたれの材料を加えて煮つめ、1のぶりを取り出す。
3. ししとう、ねぎはグリルで焼き、2に加えてからめる。
4. ぶりを皿に盛り、2をかけ、3を盛って白髪ねぎを飾る。

09 魚と相性の良いスパイス&ハーブ

魚のクセを上手に抑えておいしさを引き出すスパイス&ハーブはタイム、フェンネル、しょうがが広く知られています。その他にも、赤身魚には唐辛子、コショー、ガーリックなど、青身魚にはガーリック、五香粉、タラゴン、オールスパイス、セージ、ディルなどが合います。また、白身魚には唐辛子、タラゴン、オレガノ、バジル、ターメリック、パセリ、パプリカなど、イカ・タコ・貝類には唐辛子、ガーリック、ディルなどが、相性が良いといわれています。

毎日楽しみたい！
サラダのアレンジ

004

毎日楽しみたい！サラダのアレンジ

ミックスビーンズとオレンジの ヨーグルトサラダ

たっぷりのお豆とヨーグルトをクミンの芳香で包みました。
口あたりがよく、体にやさしいメニューです。

材料（4人分）

ミックスビーンズ	240g
玉ねぎ（みじん切り）	大さじ8
パセリ（ホール）香	小さじ2
クミン（ホール）香	小さじ1
レモン汁	大さじ2
オリーブ油	大さじ4
塩	小さじ1
ブラックペッパー（あらびき）辛	小さじ1/2
オレンジ	2個
ヨーグルト（水切りする）	2カップ分
チャービル（フレッシュ）	適宜

作り方
1 ボールに、ミックスビーンズ、玉ねぎ、パセリ、クミン、レモン汁、オリーブ油、塩、ブラックペッパーを加えて混ぜる。
2 1に、2個のオレンジの皮を取り除いて実を出して加え、残った果肉をしぼった果汁も加えて混ぜる。
3 皿に盛り、水切りしたヨーグルトをかけチャービルを飾る。

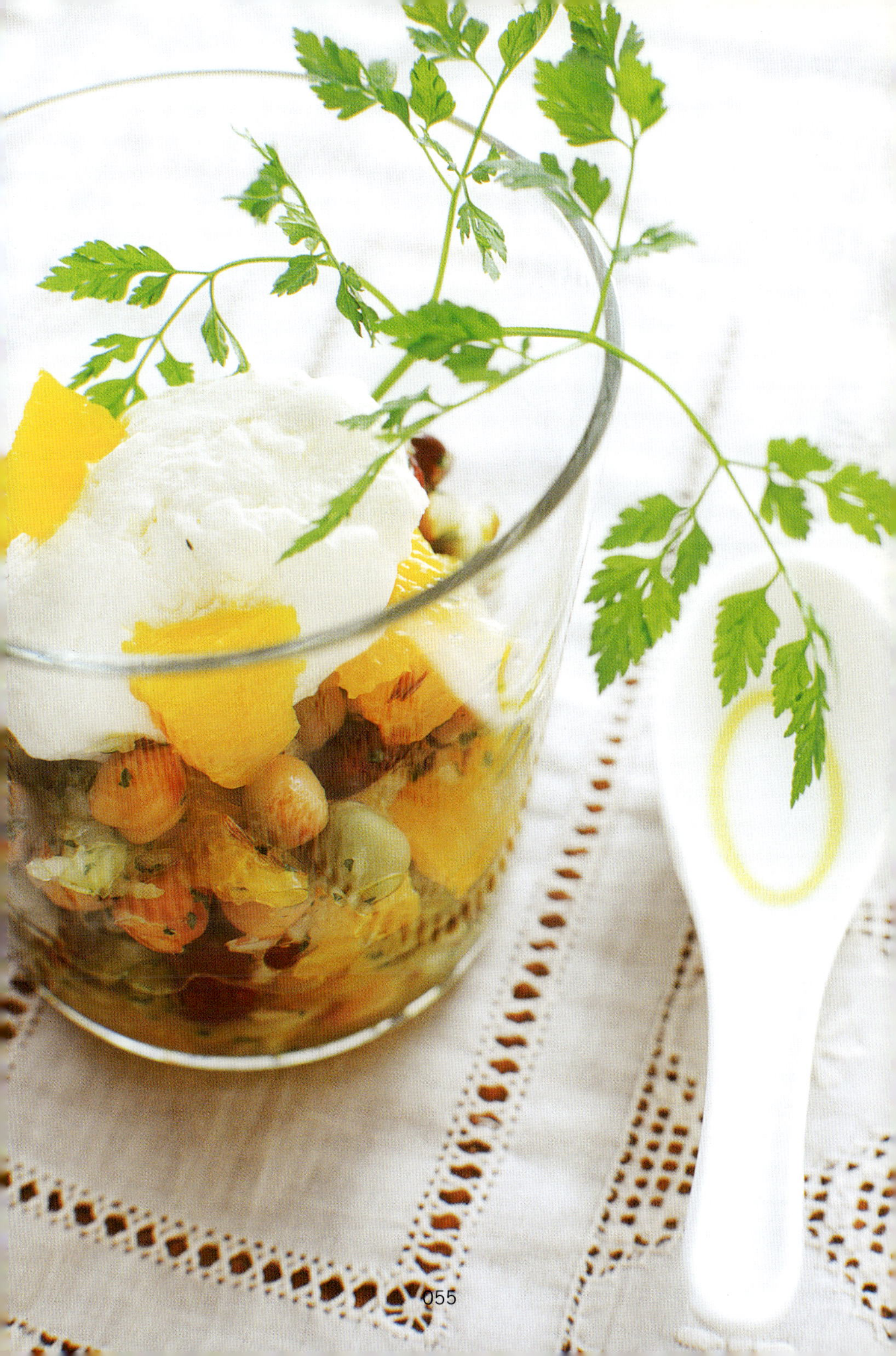

毎日楽しみたい！サラダのアレンジ

大根とパプリカのサラダ スパイシーオイルかけ

カレーパウダーとごま風味の取り合わせが新鮮。
生野菜とかつおぶしの旨味がたまりません。

材料（4人分）
大根 ………………………………………… 300g
パプリカ（赤色、黄色）………………… 各1/2個
塩 …………………………………………… 小さじ1/2
カレーパウダー 香 色 …………………… 大さじ1
かつおぶし ………………………………… 3g
ごま油 ……………………………………… 大さじ2

作り方
1 大根、パプリカは千切りにし氷水にさらす。
2 1の水気を切り、塩、カレーパウダーを加えて混ぜる。
3 皿に盛り、かつおぶしをふってフライパンで熱したごま油をかけて。

10 スパイス＆ハーブで減塩

スパイスやハーブには消臭効果や辛みなどの独特の風味があるため、塩分の使用を抑えても料理をおいしくすることができます。この減塩効果は病院食で活用されているだけでなく、健康の維持管理や生活習慣病予防にも役立つと注目されています。

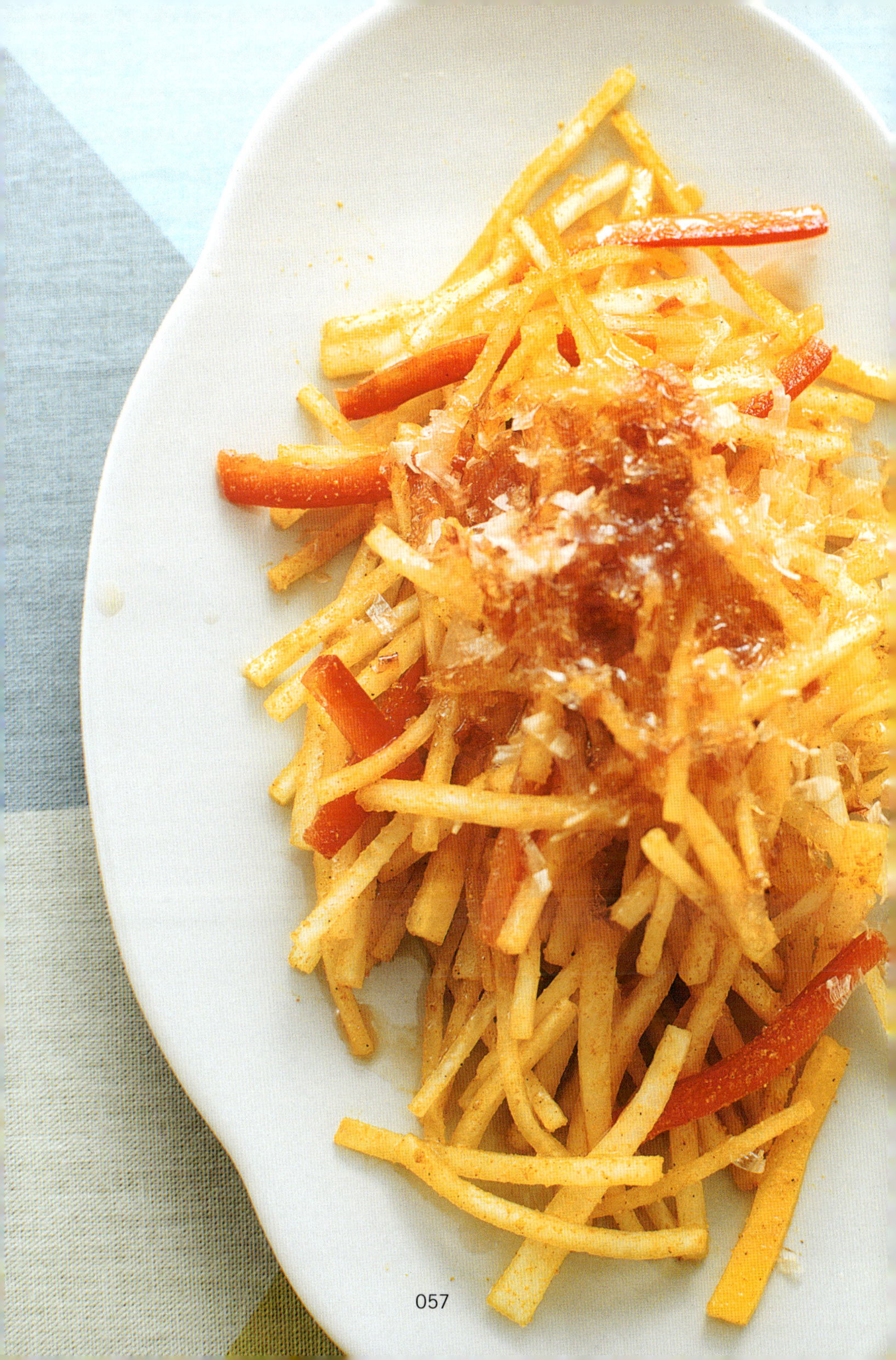

毎日楽しみたい！サラダのアレンジ

ローレル風味のゆで卵サラダ

清楚な香りが加わった卵と野菜がベストマッチング。
見た目のかわいらしさも自慢です。

材料（4人分）
卵	2個
ローレル（パウダー）香	小さじ1
┌ 玉ねぎ（みじん切り）	大さじ1
│ ピクルス（みじん切り）	小さじ1
│ マヨネーズ	小さじ2
└ ローレル（パウダー）香	2ふり
プチトマト	2個
ブラックペッパー（あらびき）辛	小さじ1/4

作り方

1 水にローレル小さじ1を入れ、卵を加えてゆで、固ゆで卵にする。

2 1の殻をむき、半分に切って卵黄を取り出し、卵黄に、玉ねぎ、ピクルス、マヨネーズ、ローレルを加え混ぜる。

3 卵白に2の卵黄をもどし、プチトマトとブラックペッパーをふる。

焼き白菜のイタリアンサラダ

チーズのかすかな酸味とバジルのすがすがしい香り。
ハーブが野菜の旨味をいっそう引き立ててくれます。

材料（4人分）
- 白菜 ……………………………… 8枚
- ツナ缶 …………………………… 80g
- パルメザンチーズ ……………… 小さじ4
- 塩 ………………………………… 小さじ1
- バジル（ホール）香 …………… 小さじ1/2
- オリーブ油 ……………………… 小さじ4

作り方
1. 白菜はグリルで焼き、そぎ切りにする。
2. 皿に、1、ツナ、パルメザンチーズ、塩、バジルをふり、オリーブ油をかける。

毎日楽しみたい！サラダのアレンジ

きゅうりとトマトのオレガノ風味サラダ

野性的なオレガノの風味の野菜を存分に楽しめます。
シンプルでノンオイルのヘルシーメニュー。

材料（4人分）
- きゅうり ………………………… 2本
- トマト …………………………… 2個
- オレガノ（ホール）香 ………… 小さじ1
- 塩 ………………………………… 小さじ1
- オレガノ（フレッシュ） ……… 適宜

作り方
1 きゅうり、トマトは乱切りにし、オレガノ、塩をまぶしてあえる。
2 フレッシュのオレガノを添える。

香りと彩りが
嬉しいパスタ

005

香りと彩りが嬉しいパスタ

レモンとサフランのクリームパスタ

たっぷりの生クリームにサフランの高貴な香りと
色をとけ込ませたソース。レモン汁と
皮のすりおろしを加えるといっそうさわやかな味になります。

材料（4人分）
スパゲッティー	320g
ベーコン	4枚
オリーブ油	大さじ2
サフラン（ホール）色	30本位
生クリーム	2カップ
塩	小さじ1/2
ホワイトペッパー（あらびき）辛	小さじ1/4
レモン汁	2個分
国産レモンの皮（すりおろし）	2個分

作り方
1 フライパンに、オリーブ油をひき、ベーコンを炒める。
2 1に、サフラン、生クリームを加えて一煮立ちさせ、塩、ホワイトペッパーをふる。
3 スパゲッティーはゆでて2と合わせ、レモンの汁、皮を加えて混ぜる。

サフラン、生クリームを加えたら少し弱火にしてサフランの色と風味をしっかりと出します。生クリームは脂肪分の高いものを使う方が分離しません。

11 ブラックペッパーとホワイトペッパーの違い

さまざまな料理に欠かせないコショーの原産地はインド。ブラックペッパーやホワイトペッパーなどの種類がありますが、その違いは製法によるものです。ブラックペッパーは、まだ緑色の実を摘みとって、実ごと天日干しにしたもの。ホワイトペッパーは赤く熟れた実を水でやわらかくして皮を取り除いて天日干しにしたものです。どちらもさまざまな料理に活用される使い勝手のよいスパイスですが、ブラックペッパーはホワイトペッパーに比べて香りが野性的なので、油っこく、クセや味の濃い料理に、ホワイトペッパーは淡白な素材や味の薄い料理に適しています。

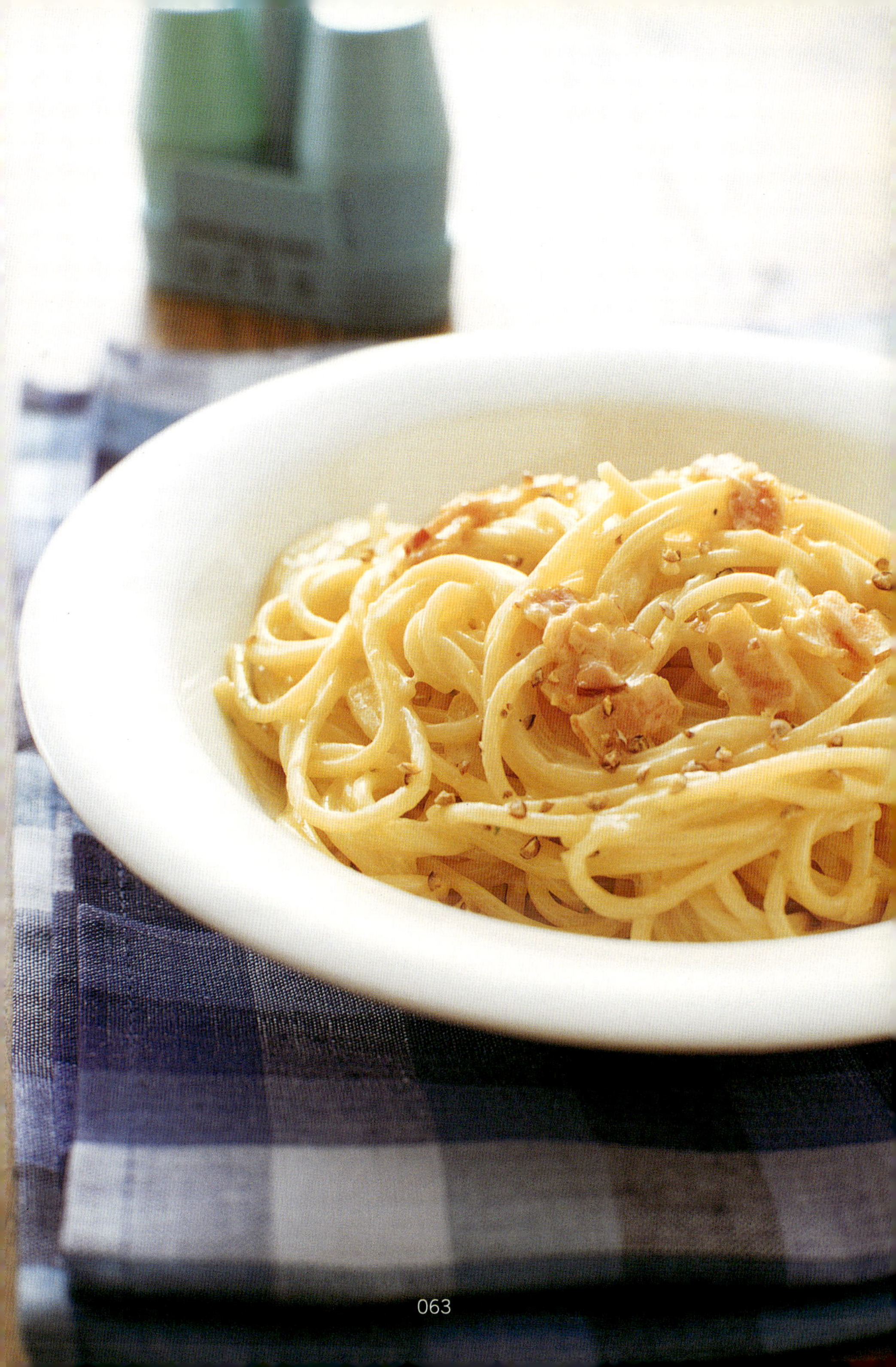

香りと彩りが嬉しいパスタ

カレー風味のボンゴレ

カレーパウダーとチリパウダーが
あさりの旨味をきわ立たせます。
にんにくとしょうがの香りが食を誘ってくれる一品。

材料（4人分）

スパゲッティー	320g
あさり	400g
白ワイン	1カップ
オリーブ油	大さじ1
カレーパウダー 香 色	大さじ2
チリパウダー 辛	小さじ1/2
おろししょうが	小さじ2
おろしにんにく	小さじ2
塩	小さじ1/4
バジル（フレッシュ）	適宜

作り方

1. フライパンに、オリーブ油をひき、あさりを炒め、白ワインを入れてふたをして火をとおす。
2. 1に、カレーパウダー、チリパウダー、にんにく、しょうが、塩を加えて混ぜる。
3. スパゲッティーはゆでて2に加えてからめる。
4. 皿に盛りバジルをかけて。

あさりを炒めたら、白ワインを加えてふたをします。少し揺すりながら貝のふたが開いたら、カレーパウダーを加えて味をなじませます。火を通しすぎないようにするのがポイントです。

12 チリーペッパーとチリパウダーの違い

コロンブスによりアメリカ大陸からもたらされた唐辛子（チリーペッパー）に、オレガノ、クミン、ディル、パプリカなどをブレンドしたものがチリパウダーです。チリーペッパーの辛みにさまざまなスパイスが加わることで、よりマイルドでコクのある辛さになり、風味も増します。

065

香りと彩りが嬉しいパスタ

ソーセージとマカロニのグラタン

すがすがしい香りのバジルとセロリの独特な風味が
加わったホワイトソースは、洗練された味わいです。

材料（4人分）

マカロニ	120g
強力粉	大さじ2
バター	大さじ2
牛乳	2カップ
塩	小さじ1/4
ホワイトペッパー（パウダー）辛	小さじ1/4
ソーセージ（1cm厚さの輪切り）	4本
玉ねぎ（薄切り）	1/2個
セロリ（薄切り）	1/2本
オリーブ油	小さじ2
バジル 香	小さじ1
塩、ホワイトペッパー（あらびき）	各適宜
パルメザンチーズ	大さじ2
バジル 香	適宜

作り方

1 ホワイトソースを作る。鍋に、バターを入れて溶かし、強力粉を加えて炒める。
2 1に冷たい牛乳を一気に加えて混ぜ、火にかけてとろみをつけ塩、ホワイトペッパー（パウダー）をふる。
3 マカロニはゆでる。
4 フライパンに、オリーブ油をひき、玉ねぎ、セロリ、ソーセージを炒め、塩、ホワイトペッパー（あらびき）、バジル小さじ1をふる。
5 ホワイトソースに、マカロニ、4を加えて混ぜ、オリーブ油を塗ったグラタン皿に入れてパルメザンチーズをふってオーブンで焼き色がつくまで焼く。
6 仕上げにバジルをふって。

マカロニは固めにゆで、炒めたバジル風味のソーセージ、ホワイトソースと合わせます。チーズの塩分があるので、塩、ホワイトペッパーは控えめにします。

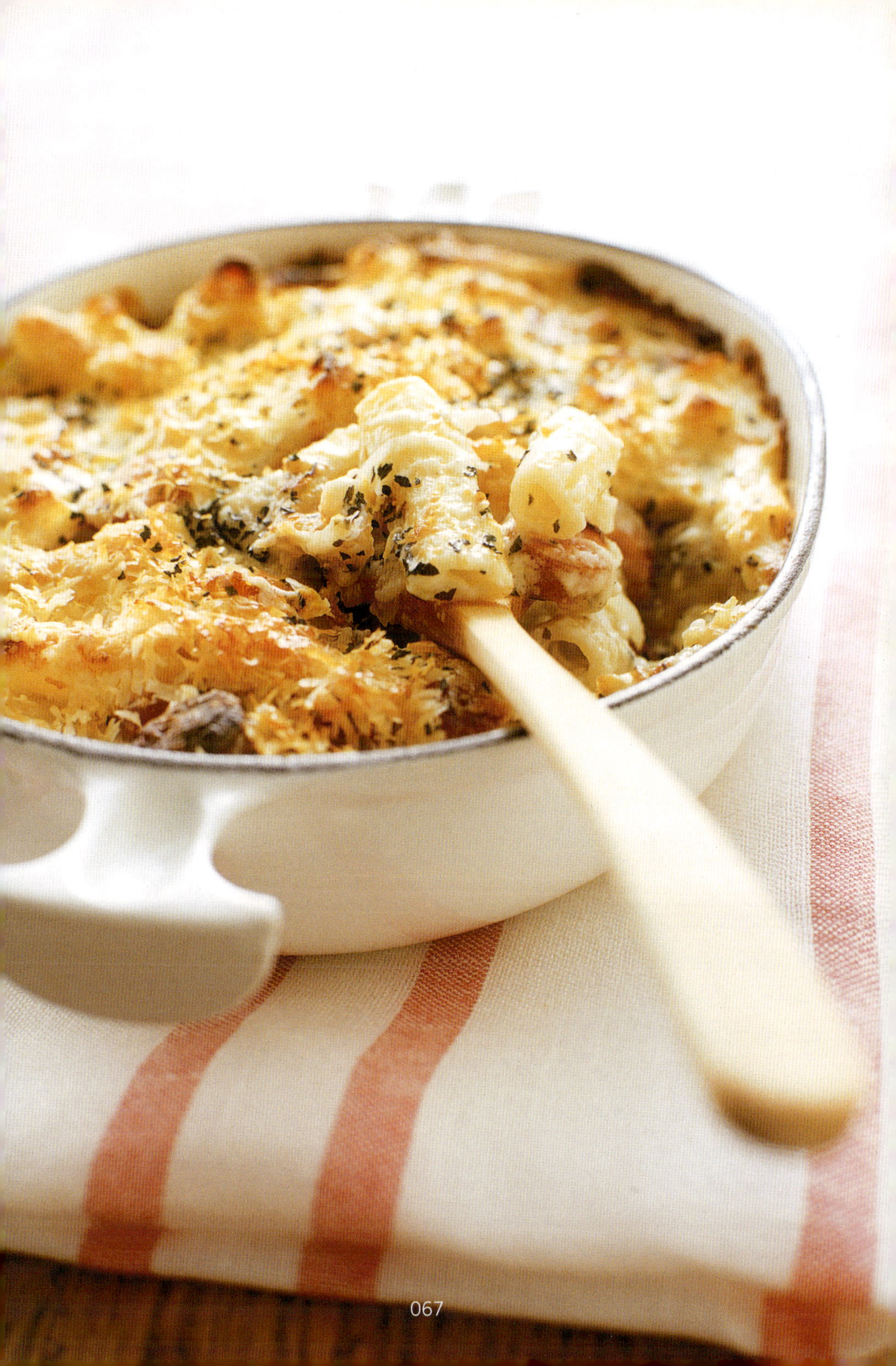

香りと彩りが嬉しいパスタ

そうめんのペペロンチーノ

和の素材でおいしいイタリアンができました。
にんにくの香りとベビーリーフのみずみずしさが
麺にからんでいます。

材料（4人分）
そうめん	8束
にんにく	2かけ
輪切り唐辛子 辛	小さじ2
オリーブ油	大さじ4
塩、ブラックペッパー（あらびき）辛	各小さじ1/2
ベビーリーフ	40g
レモン汁	大さじ2
オリーブ油	大さじ2
ブラックオリーブ	4個（輪切り）

作り方
1 そうめんはゆでて水洗いする。
2 フライパンに、オリーブ油大さじ4、にんにく、唐辛子を入れて香りを出し、1のそうめんを加えて混ぜる。
3 塩、ブラックペッパーをふって皿に盛り、ベビーリーフをのせ、レモン汁、オリーブ油各大さじ2をふり、ブラックオリーブを飾って。

フライパンに材料を入れてから火にかけてオリーブ油に香りをつけます。赤唐辛子は焦げやすいので注意しましょう。

13 ベビーリーフ

ベビーリーフとは、その名の通り、芽が出て10～30日位の若い葉の総称。ホウレンソウや小松菜、ルッコラなど数種類の葉が組み合わされて売られています。ビタミン類やミネラルが含まれていて、栄養面でも注目の素材です。

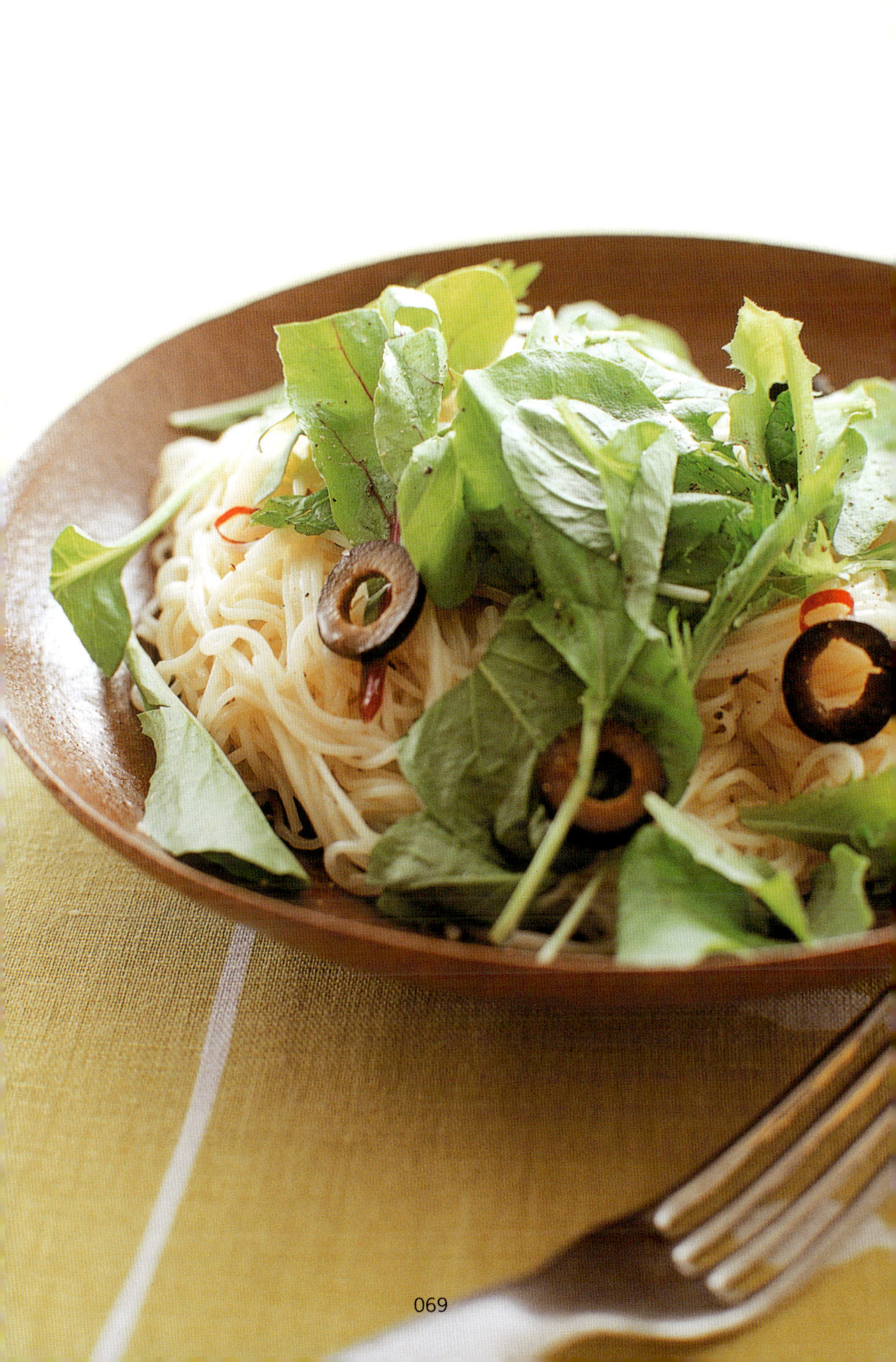

香りと彩りが嬉しいパスタ

シンプルトマトソースのペンネ

味の濃いプチトマトで作る簡単ソース。
オレガノのさわやかな香りが加わったおすすめのパスタです。

材料（4人分）
- ペンネ …………………………… 320g
- プチトマト ……………………… 40粒位
- おろしにんにく ………………… 小さじ2
- ブラックペッパー（あらびき）辛
  ………………………………… 小さじ$1/2$
- オレガノ（ホール）香 ………… 小さじ1
- オリーブ油 ……………………… 大さじ4
- 砂糖 ……………………………… 小さじ2
- 塩 ………………………………… 小さじ2弱
- オレガノ（フレッシュ） ……… 適宜

作り方
1 耐熱の器に、プチトマト、にんにく、ブラックペッパー、オレガノ、オリーブ油、塩、砂糖を入れて、ラップなしでレンジに3分かける。
2 いったん取り出し、かき混ぜて水分をとばして、さらにレンジに3分かける。
3 ペンネはゆでて**2**とあえ、フレッシュのオレガノをちらす。

いわしとハーブの和風パスタ

コショーをきかせたいわしは
身を崩しながらパスタに
からめましょう。
ローズマリーの
すがすがしい香りで
心も嬉しくなります。

材料（4人分）

スパゲッティー	320g
いわし	4尾
塩	少々
ブラックペッパー（あらびき）	少々
おろししょうが	小さじ2
オリーブ油	大さじ2
セロリ（薄切り）	2本分
松の実（ローストする）	大さじ2
レーズン（もどす）	大さじ2
オリーブ油	大さじ2
ローレル（パウダー）香	小さじ1/4
ローズマリー（ホール）香	小さじ1
塩	小さじ1/2
ブラックペッパー（あらびき）辛	小さじ1/2
しょうゆ	小さじ2
ローズマリー（フレッシュ）	適宜

作り方

1 フライパンに、オリーブ油をひき、塩、ブラックペッパー少々をふったいわしに焼き色をつけ、しょうがも加えて混ぜる。

2 1に、セロリ、松の実、レーズンを加えて炒め、ローレル、ローズマリー、塩小さじ1/2、ブラックペッパー小さじ1/2、しょうゆで味を調える。

3 2に、ゆでたスパゲッティーのゆで汁150cc、オリーブ油大さじ2を加えてからめる。ローズマリー（フレッシュ）を飾って。

香りと彩りが嬉しいパスタ

中華麺の
ハーブかき揚げ

身近な素材に五香粉の
きわ立つ香りを加えました。
チリパウダーのホットな口あたりが
アクセントです。

材料（4人分）

中華麺	4玉
玉ねぎ（薄切り）	1/2個
ツナ缶	大さじ4
薄力粉	大さじ8
五香粉 香	小さじ1/2
チリパウダー 辛	小さじ1/2
水	100cc
2倍の濃縮のめんつゆ	
（めんつゆ1カップと水1カップ）	2カップ
万能ねぎ（みじん切り）	6本
大根おろし	適宜
揚げ油	適宜

作り方

1 ボールに、薄力粉、五香粉、チリパウダー、水を入れてまぜ、玉ねぎ、ツナを加える。
2 **1**をスプーンで軽くすくい、中温の油で揚げる。
3 中華麺はゆでて水で洗い水気をしっかり切る。
4 **3**に**2**のかき揚げをのせ、めんつゆ、万能ねぎ、大根おろしをかける。

おいしさがしみる
幸せスープ

006

おいしさがしみる幸せスープ

鶏団子と青梗菜のトマトスープ

ナツメッグのエキゾチックな香りがまろやかになって
とけ込んださっぱりのスープ。栄養バランスのよい一品です。

材料（4人分）

鶏挽き肉	200g
玉ねぎ（みじん切り）	大さじ2
おろししょうが	小さじ1
ナツメッグ（パウダー）香	小さじ1/2
パセリ（ホール）香	小さじ1/2
片栗粉	大さじ1
卵	大さじ1
塩	小さじ1/4
ブラックペッパー（あらびき）辛	小さじ1/4
トマトジュース（無塩）	150cc
青梗菜（食べやすい大きさに切る）	2株
コンソメスープ	4カップ
塩、ブラックペッパー（あらびき）	各少々
サラダ油	適宜

作り方

1. ボールに、挽き肉、玉ねぎ、しょうが、ナツメッグ、パセリ、片栗粉、卵を加えてよく混ぜ、塩、ブラックペッパー各小さじ1/4をふる。
2. 1を16個分に分けて平たく丸め、多めの油で焼く。
3. コンソメスープに、トマトジュース、2を加えて15分位煮る。
4. 3に、青梗菜を加えて、塩、ブラックペッパーで味を調える。

鶏団子は火が通りやすいように、平らに丸め、中心をへこませます。フライパンに多めの油をひいて焼きあげると簡単です。

14 ホールスパイスの砕き方

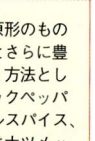

スパイスやハーブの風味をそのまま活かしたい時、原形のものを挽いたり砕いて使います。ホールスパイスを使うとさらに豊かな風味になります。ホールスパイスやハーブを砕く方法として最もポピュラーなものはペッパーミルです。ブラックペッパー、ホワイトペッパー以外でもコリアンダーやオールスパイス、カルダモンなどを挽くことができます。ナツメッグはナツメッグ挽きがベストですが、おろし金などでもすばらしい挽きたての香りが楽しめます。その他に乳鉢と乳棒を揃えれば、ホールスパイス＆ハーブ活用の幅が広がります。

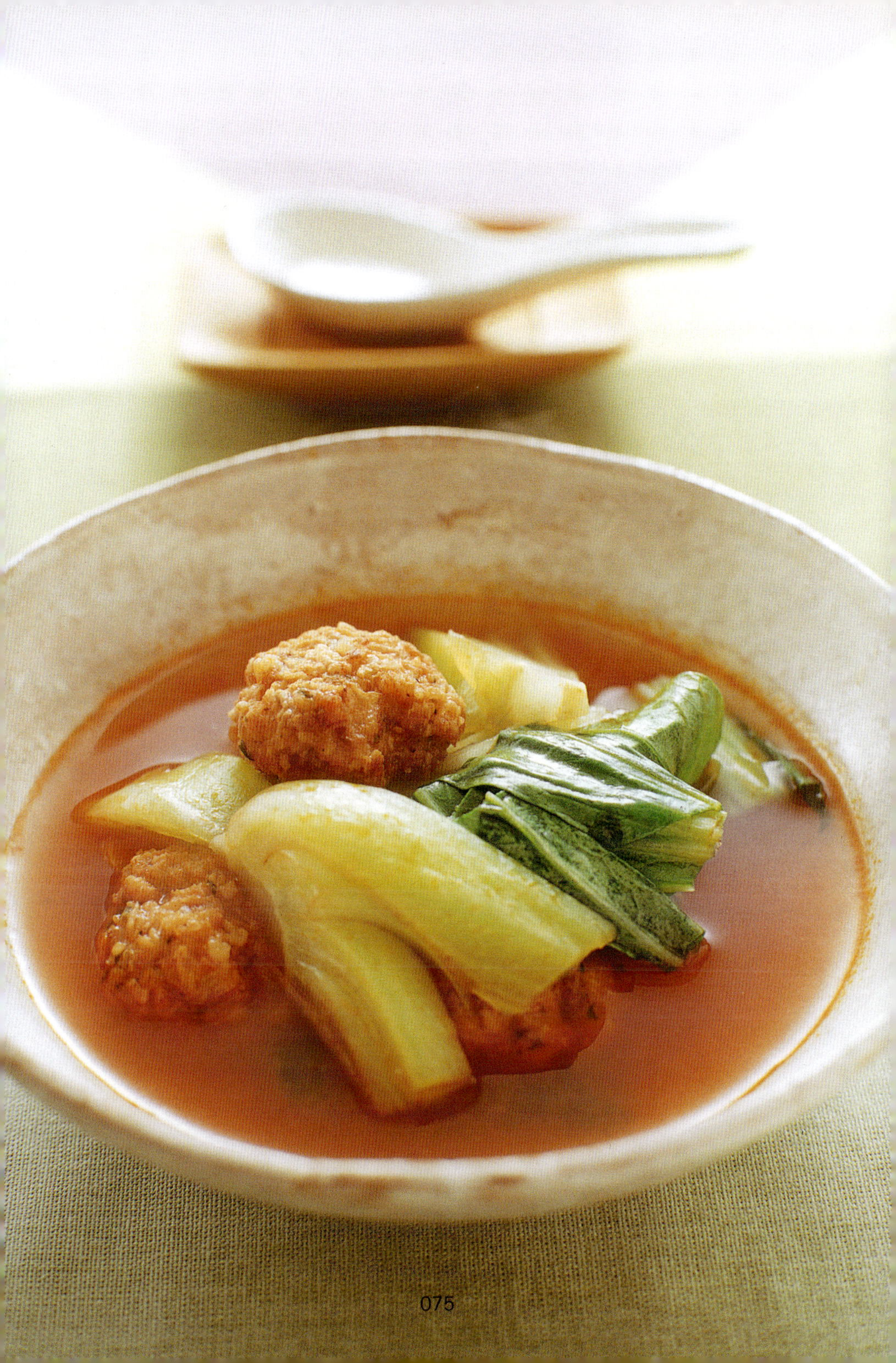

おいしさがしみる幸せスープ

牛肉のローズマリー風味シチュー

お肉の旨味を引き出し、さわやかな風味を
添えてくれるハーブのちから。
彩りもよく、野菜をたっぷりいただけます。

材料（4人分）

牛もも肉薄切り（食べやすい長さに切る）	200g
塩	小さじ1/2
ブラックペッパー（あらびき）辛	小さじ1/2
オリーブ油	小さじ2
ローズマリー（ホール）香	小さじ1/2
赤ワイン	1/4カップ
玉ねぎ	2個（乱切り）
じゃがいも（一口大に切る）	2個
にんじん（一口大に切る）	1本
デミグラスソース	大さじ2
コンソメスープ	2カップ
ローレル（ホール）香	1枚
トマトピューレ	大さじ2
赤みそ	小さじ2
おろしにんにく	小さじ1
ブロッコリー（小房に分ける）	80g
生クリーム	適宜
ローズマリー（フレッシュ）	適宜

作り方

1. フライパンに、オリーブ油をひき、塩、ブラックペッパーをふった牛肉を炒め、ローズマリーをふり赤ワインを加える。
2. 1に、玉ねぎ、じゃがいも、にんじんを加えてさっと炒める。
3. 2に、ローレル、トマトピューレ、赤みそ、デミグラスソース、コンソメスープ、にんにくを加えて15分位煮込む。
4. ブロッコリーを加えて5分程煮たら、皿に盛り、仕上げに、生クリームを添え、ローズマリー（フレッシュ）を飾って。

牛もも肉の薄切りなので、煮込み時間も少なくフライパンで簡単にできます。肉を炒める時にローズマリーを加えると肉の臭みが消えます。

---

15 ブーケガルニとは？

ブーケガルニとはフランス語で「香草の束」という意味。スパイス＆ハーブを糸でしばったり、袋にまとめたりしたもので煮込み料理に使います。煮込んでいる間に料理全体に風味が広がり、とても重宝されています。パセリ、タイム、ローレルの組み合わせが基本ですが、素材や好みに合わせてセロリー、マジョラム、オレガノなどさまざまな組み合わせができます。

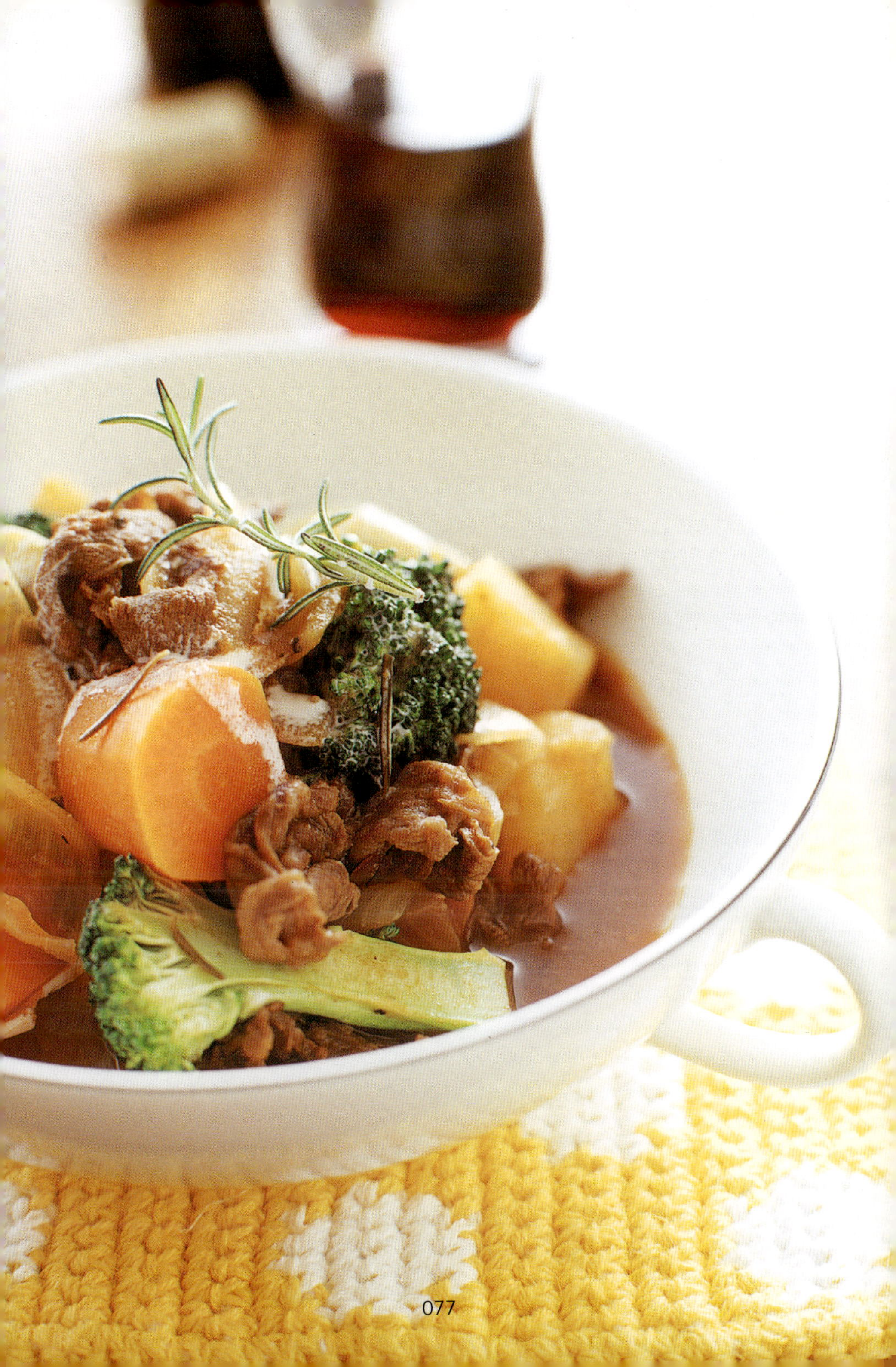

おいしさがしみる幸せスープ

スパイシーチーズフォンデュ

にんにくの香りを活かしたチーズ生地は
コーンスターチが入ってなめらか。香り高いガラムマサラの
スパイシーな辛みが野菜をいっそうおいしくします。

材料（4人分）

グリュイエールチーズ	200g
エメンタールチーズ	200g
おろしにんにく	小さじ1/2
白ワイン	1カップ
コーンスターチ	小さじ1
水	大さじ1
ガラムマサラ（パウダー）🟢香	小さじ1/2
チリーペッパー（パウダー）🔴辛	小さじ1/4
ホワイトペッパー（あらびき）🔴辛	小さじ1/4
じゃがいも	2個
ブロッコリー	1個
カリフラワー	1個
パプリカ（黄色）	1個

作り方

1. じゃがいも、ブロッコリー、カリフラワー、パプリカはそれぞれ食べやすい大きさに切り、ゆでる。
2. 鍋に、白ワイン、にんにくを入れて沸かし、チーズを加える。チーズが溶けたらコーンスターチを水大さじ1で溶いたもの、ガラムマサラ、チリーペッパー、ホワイトペッパーを加えて混ぜる。1の野菜をチーズにつけていただく。

チーズは新鮮で風味がよいものを選びましょう。スパイスを加えることにより、さらに香りがよくなります。すぐに固くなってしまうので、保温しながら食べるといいでしょう。

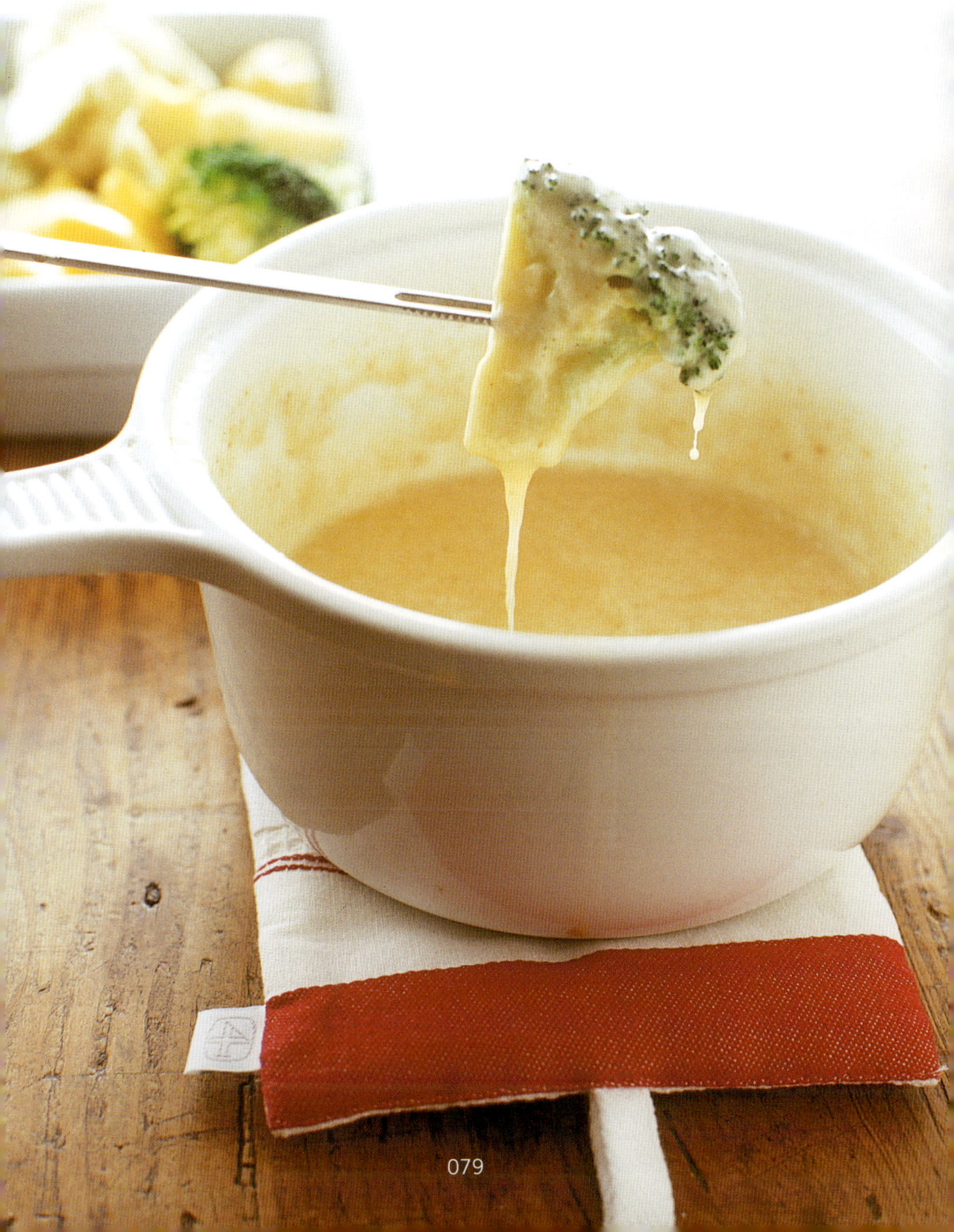

おいしさがしみる幸せスープ

アジアン豚汁

煮干しのだしにミックススパイスの五香粉で中華の風味を加えました。ナンプラーとレモンのほのかな酸味ですっきりした口あたりです。

材料（4人分）

豚こま切れ肉（3cm幅に切る）	100g
五香粉 香	小さじ1/2
塩	小さじ1/8
ごま油	大さじ1
ねぎ（斜め薄切り）	1本
おろししょうが	小さじ1
にんじん（いちょう切り）	100g
大根（いちょう切り）	130g
煮干しのだし汁	4カップ
レモン汁	大さじ1
ナンプラー	大さじ1
香菜（フレッシュ）	適宜

作り方

1 鍋に、ごま油をひき、豚肉を炒め、塩、五香粉を加えて炒める。
2 1に、ねぎ、しょうが、にんじん、大根、煮干しのだし汁を加え、沸騰させてアクをとる。
3 2に、ナンプラー、レモン汁で味付けし、香菜を飾る。

豚肉をしっかりと炒めたら、五香粉を加えてさらに炒めます。煮干しのだし、ナンプラー、レモン汁を使うことにより、独特な香りの豚汁になり、さっぱりといただけます。

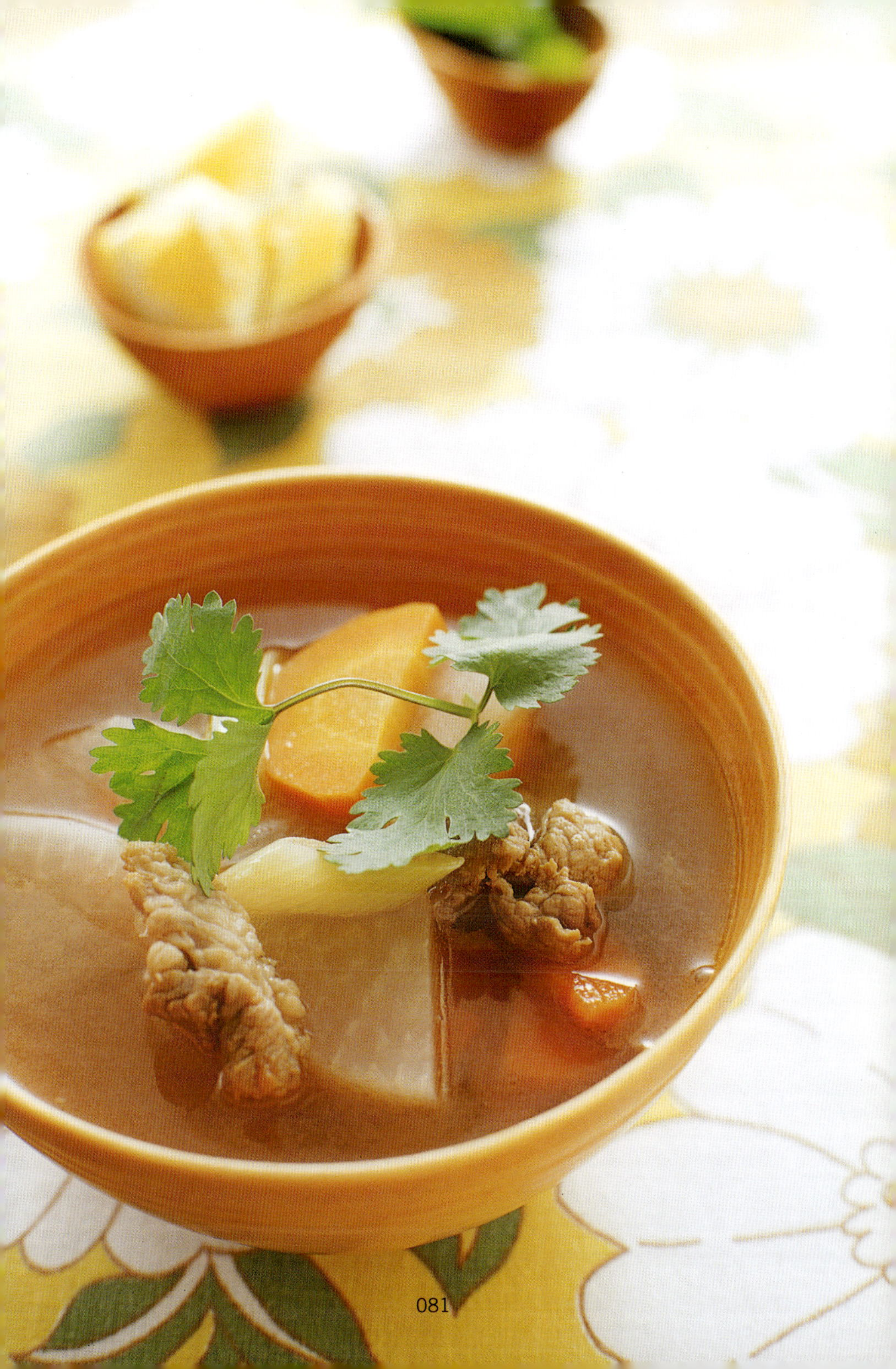

おいしさがしみる幸せスープ

にらともやしのターメリック中華スープ

干しえびの旨味をベースにしたシンプルな味付け。
ターメリックの黄色と野菜のグリーンが鮮やかです。

材料（4人分）
にら（3cm幅に切る） ……………… 1束
もやし（ひげ根をとる） ………… 1パック
干しえび（日本酒大さじ2でもどす）… 大さじ1
ザーサイ（みじん切り） ………… 大さじ2
ターメリック（パウダー）色 …… 小さじ1/2
ごま油 ……………………………… 小さじ2
中華スープ ………………………… 4カップ
きくらげ（もどして5mm幅に切る）…… 20g
塩 …………………………………… 少々
しょうゆ …………………………… 小さじ1
水溶き片栗粉 ……………………… 大さじ1

作り方
1 鍋に、ごま油をひき、干しえび、ザーサイ、ターメリックを炒め、中華スープ、干しえびをもどした汁も加える。
2 1に、きくらげを加え、にら、もやしも加えて塩、しょうゆで味付けし、水溶き片栗粉でとろみをつける。

心も体もいやす
ティータイム

007

レモングラス+ミント+タイムの ハーブティー

レモン系、ミント系の清涼感ある香りに
タイムのすがすがしい香りをプラス。
気分爽快になれるドリンクです。

材料（1人分）

レモングラス（ホール）香、ミント（ホール）香、タイム（ホール）香 など合わせて	ティースプーン2杯分位
湯	200cc
はちみつ	大さじ1

作り方

1 ポットに、レモングラス、ミント、タイムを入れ熱湯を注ぎ蒸らす。
2 カップに注ぎ、好みではちみつを添えて。

---

16 いろいろなミント

ミントはサラダに添えたり、炒めものに入れたり、ソースにしたり、お湯を注いでハーブティーにしたりと用途の幅が広く親しみのあるハーブ。昔は薬としても使われていました。料理によく登場するのはペパーミントとスペアミント。どちらもさわやかな香りを漂わせますが、少しギザギザした葉を持つペパーミントの方がメントール成分を多く含み、スーッとした清涼感が強いのが特徴です。スペアミントは清涼感の中にも少し甘みがあり、おだやかに香ります。

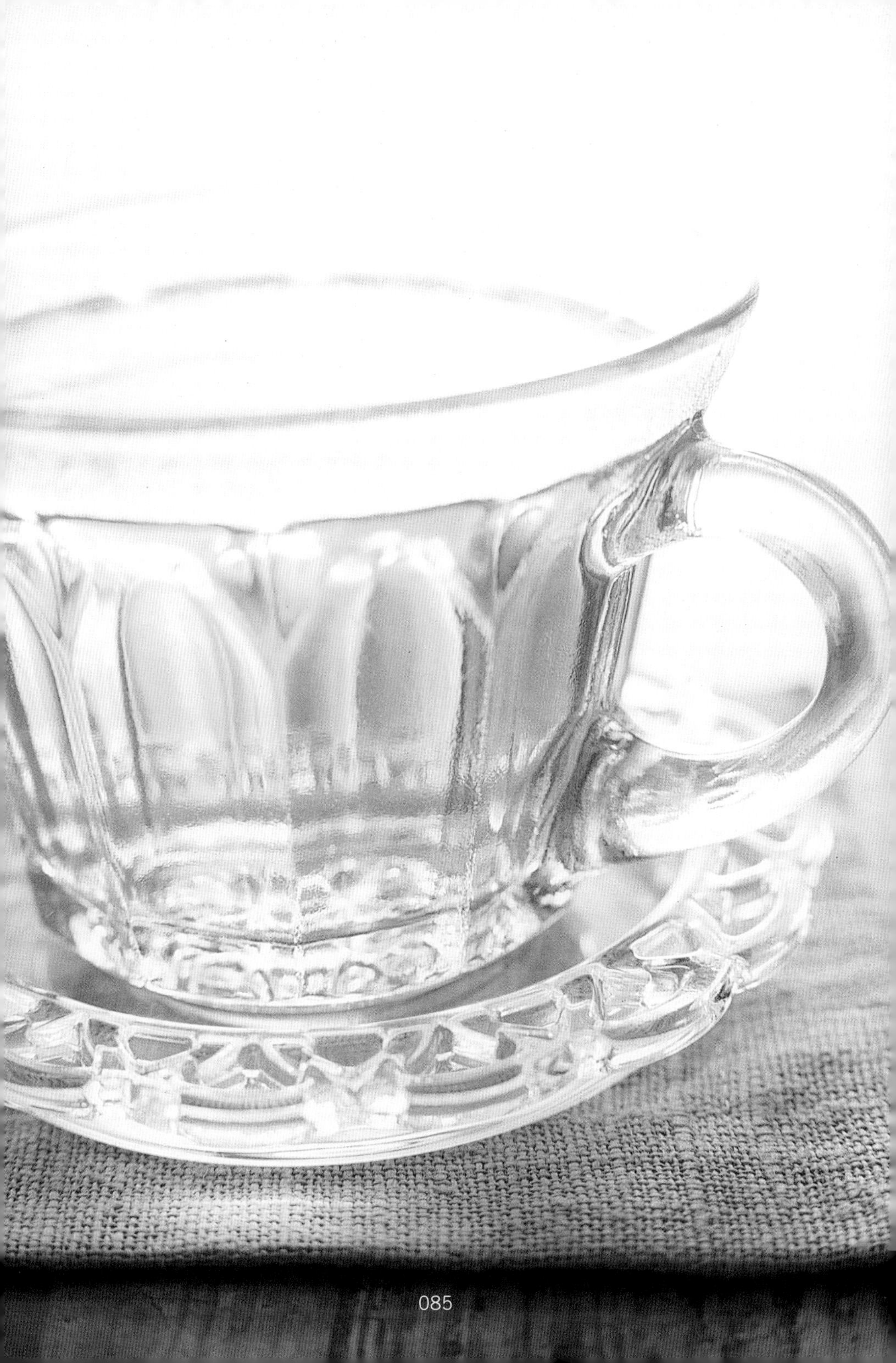

心も体もいやすティータイム

シナモン風味のチャイ

濃厚な味わいでほどよい甘さのインドのミルクティー。
ピリッと辛みのある食事の後におすすめ。

材料（1人分）
牛乳 ……………………………… 1/2カップ
水 ………………………………… 1/2カップ
紅茶ティーバッグ ……………… 2個
シナモン（パウダー）香 ……… 小さじ1/2
砂糖 ……………………………… 大さじ1
シナモン（スティック）香 …… 1本

作り方
1 鍋に、水、牛乳、ティーバッグ、シナモン、砂糖を入れて弱火で沸かす。
2 1をこしてカップに注ぐ。

---

17 いつものドリンクにスパイス&ハーブ

いつも飲んでいるコーヒーや紅茶にちょっと変化をつけたい時には、スパイス&ハーブをプラスするのがおすすめ。スパイスやハーブの香り、そして味によって新しいおいしさに出会えます。ヨーグルトドリンクや果汁ジュースには、まずはミントやレモングラスを加えてみましょう。さわやかな風味が楽しめます。コーヒーや紅茶にはシナモンやカルダモンがよく合います。いろいろなスパイス&ハーブを合わせて、オリジナルドリンクを作ってみましょう。

ローズマリーとグレープフルーツのアイスティー

果汁とはちみつの甘みにすっきりした香りが調和。
体にも心にもやさしい紅茶です。

材料 (1人分)
- ローズマリー（ホール）香 ……… 小さじ1
- 水 ……………………………… 1/2カップ
- 紅茶ティーバッグ ………………… 1個
- グレープフルーツ ……………… 1/2個分
- はちみつ ……………………… 大さじ1/2
- ローズマリー（フレッシュ）……… 適宜

作り方
1 鍋に、ローズマリー、水1/2カップを入れてしばらくおいてから沸かし、ティーバッグを入れる。
2 1を一気に冷まし、グレープフルーツの実とジュースを加えて混ぜ、はちみつを加える。グラスに注ぎ、ローズマリーを飾る。

心も体もいやすティータイム

カルダモン風味のラテ

エキゾチックな香りを添えたコーヒードリンクです。
甘いおやつと一緒にどうぞ。

材料（1人分）
- カルダモン（ホール） 香 ……… 3粒
- 牛乳 ……………………………… 1/4カップ
- コーヒー ………………………… 1/2カップ

作り方
1. 牛乳に中身を取り出したカルダモン2粒を加えて弱火で沸かし、スチーマーでスチームするか、レンジで温めて泡立て器や茶せんなどで細かく泡を立てる。
2. 器にコーヒーを入れ1のミルクをのせ、カルダモンを飾る。

バジルヨーグルトドリンク

バナナの甘さに香り高いバジルを加えて
すっきりした味わいに仕上げたデザートドリンクです。

材料 (2人分)
- ヨーグルト ………………… 1/2カップ
- 牛乳 ………………………… 1/2カップ
- バジル（ホール）香 ……… 小さじ1/2
- バナナ ……………………… 1本
- ミント（フレッシュ）……… 適宜

作り方
1. バジル、ヨーグルト、バナナ、牛乳をミキサーにかける。
2. グラスに注ぎ、ミントを飾る。

本書で紹介したメニューに使用したスパイスとハーブの特徴

あ・か行

五香粉（ウーシャンフェン）　P32,44,72,80
山椒・クローブなど5種類のスパイスの粉末をブレンドした、中国を代表するミックススパイス。炒飯やスープ、野菜炒めや煮物などにササッとふるだけで、中華風の風味をつけることができます。

オレガノ　P18,26,31,40,42,60,70
清涼感のある野性的な香りとほろ苦い風味が特徴のハーブ。イタリア料理によく使われ、特にトマトとの相性はバツグンです。

ガーリック（にんにく）　P12,21,30
肉や野菜の臭みを消す力が強く、食欲増進効果もあることから、古くから世界各地の料理に使われてきたスパイス。生のものやチューブ入りのもの、乾燥させたチップやパウダーなど、さまざまなタイプのものがあるので、使いやすいものを選びましょう。

ガラムマサラ　P33,34,50,78
インド家庭料理定番の辛くて香り高いミックススパイス。3～10種類のスパイスの粉末がブレンドされており、これだけで、スパイシーな風味、辛み、エキゾチックな香りをつけることができます。

カルダモン　P88
さわやかで甘い香りの中に刺激性の芳香がわずかにある、エキゾチックな香りのスパイス。飲み物や菓子類の風味付けによく使うほか、カレー粉やソースの原料にも使用されます。

カレーパウダー（カレー粉）
　P26,28,32,33,34,56,64
香りのスパイス、辛みのスパイス、色のスパイスが絶妙のバランスでブレンドされたミックススパイス。カレーだけでなく、煮物や炒め物などあらゆる料理の風味付けに活躍します。

クミン　P8,19,28,50,54
カレーにも似た、独特の強い香りのスパイス。インドでは煮込み料理や炒め物の際、ホールタイプのクミンを調理の最初に油で炒めて香りを出したうえで他の材料を加えるという使い方をします。カレーを作るとき、具材を炒める前にこの作業をすれば、本格的な風味に。

さ・た行

サフラン　　　P31,62
料理をきれいな黄金色に着色するスパイス。サフランの色素成分は水溶性なので、水やぬるま湯に色を出して使います。色も香りもほんの少量で効果を発揮するので、一度にたくさん使う必要はありません。魚介料理や米料理によく使われます。

シナモン　　　P31,34,86
甘い風味の中に独特の清涼感のある、豊かな香りのスパイス。料理の甘みをグッと引き立てるので、菓子類やドリンクによく使われます。カレーや中華風の煮込み料理などの際に、一緒に煮込むのもおすすめです。

ターメリック　P10,19,21,28,34,50,82
料理を鮮やかな黄色に着色するスパイス。カレー粉の原料には欠かせません。さまざまな料理の色付けに活躍します。ターメリックの色素成分は油となじみがよいので、油と一緒に使うとよいでしょう。

タイム　　　　P42,84
独特のすがすがしい強い芳香とほろ苦さのあるハーブ。「魚のハーブ」と呼ばれるくらい、魚介類との好相性が有名ですが、それだけでなく肉料理や野菜料理にもよく合います。

チリパウダー　P28,33,42,50,64,72
唐辛子（チリーペッパー）、クミン、オレガノなどをブレンドしたミックススパイスで、メキシコから北米にかけての料理やスペイン料理などによく使用されます。チリーペッパーのヒリヒリするような辛みとクミンやオレガノの力強い風味が、料理にアクセントをつけます。（「チリーペッパー」との違いに注意。チリパウダーはミックススパイスです。）

唐辛子（チリーペッパー）
　　　　　　　　P14,16,24,32,34,40,44,46,68,78
ヒリヒリするような強い辛みのあるスパイスで、世界中のさまざまな料理に使われます。また、鮮やかな赤色が料理の彩りになります。少量でもかなり辛いので、使用する際は少しずつ加えていくとよいでしょう。唐辛子には数多くの品種があり、韓国産唐辛子のように辛みがあまり強くないものもあります。

な・は行

ナツメッグ　　　P20,34,46,48,74
素材の臭みを和らげる働きが強いスパイスです。エキゾチックで刺激性のある香りですが、加熱により香りがまろやかになります。ハンバーグなどの挽き肉料理への利用がよく知られていますが、卵や乳製品とも非常に相性が良いので、ホワイトソースや卵スープなどにもおすすめです。

バジル　　　P14,22,59,66,89
「ハーブの王様」といわれるくらい清涼感のある香り高い風味のハーブで、イタリア料理によく使われます。肉、魚、野菜、豆などどんな素材にもよく合いますが、なかでもにんにくやトマト、オリーブ油との相性はバツグンです。

パセリ　　　P10,19,30,36,38,54,74
スキッとしたさわやかな香りときれいな緑色が人気のパセリ。肉料理、魚料理をはじめ、卵料理、野菜料理、パスタなどどんな料理ともよく合う、使い勝手の良いハーブです。

パプリカ　　　P10,26,30,51
唐辛子の仲間ですが辛みはなく、主に料理の色付けと甘い風味付けに使われます。油となじみがよいので、油と一緒に使うとよいでしょう。クセが少ないスパイスなので、幅広い料理の色付けと香り付けに活躍します。

ブラックペッパー　　　P8,12,14,16,28,30,36,38,40,42,48,52,54,58,68,70,71,74,76
野性的な香りとピリッとした強い辛みが特徴です。幅広い料理に活躍するスパイスですが、なかでも牛肉や青魚、乳製品など、味の濃いもの、クセの強い食材と特によく合います。

ペパーミント　　　P84
スーッとする香りのハーブ。ハーブティーや、ゼリー・クッキーといったデザートによく使われます。また、肉料理のソースなどに利用するとさわやかな香りが加わります。

ホワイトペッパー　　　P23,62,66,78
マイルドな香りとピリッとした強い辛みが特徴です。色の白い料理に用いると色を損なわず辛みと風味をつけられます。また、香りがマイルドなので、素材そのものの風味を活かしたい料理にもおすすめです。

ら行

レモングラス　　　P84
レモンに似た、柑橘系のさわやかな香りが特徴のハーブです。ハーブティーの材料として人気があります。また、東南アジア料理では、スープやカレーの風味付けによく使われます。

ローズマリー　　　P23,30,46,71,76,87
甘くスッキリとした強い香りのハーブ。素材の臭みを和らげて豊かな香り付けをするので、肉、魚をはじめ、さまざまな料理に使われます。特に、においの強いラム肉や青魚などによく合います。

ローレル　　　P22,31,32,33,36,58,71,76
さわやかな香りのハーブで、素材の臭みを和らげる働きが強いので、ホールタイプのものを肉、魚介類、野菜などさまざまな素材の煮込み料理や、焼き物によく使います。また、乳製品とも相性が良く、プリンやカスタードクリームなどの香り付けにもおすすめです。

フレッシュハーブのご紹介

　本書のレシピではドライハーブを使用していますが、彩りや演出にさまざまなフレッシュハーブも使っています。
　ドライと比べると日持ちはしませんが、フレッシュならではの新鮮でさわやかな香りや華やかな彩りを楽しむことができます。レシピの中のドライハーブの代わりに使ってみたり、盛り付けの際に料理に添えてみるのも楽しみです。

イタリアンパセリ 　オレガノ

スィートバジル 　タイム　ペパーミント 　レモングラス 　ローズマリー

スパイス&ハーブの保存方法

ドライのスパイス&ハーブ

　使いやすいコンロの脇に置いてしまいがちですが、ドライのスパイス&ハーブにとっての大敵は、「光、熱、湿気」です。コンロの脇ではスパイス&ハーブの命である香りや色などが飛びやすくなってしまうのでやめましょう。
　光・熱・湿気を避けるには、冷暗所で保存するのが肝心です。湿気の多い夏場などは、冷蔵庫で保存するとよいでしょう。

フレッシュハーブ

　フレッシュハーブは基本的に野菜と同じと考えて保存しましょう。フレッシュハーブにとっての大敵は、「高温、傷、乾燥」。湿らせたキッチンペーパーでハーブをくるんでタッパーなどに入れ、適度な湿気を保った状態で野菜室に保存するとよいでしょう。

［編集協力］
　本書の編集・制作にあたっては、エスビー食品（株）よりスパイスとハーブに関する資料提供及び貴重なアドバイスをいただきました。
　1923年の創業以来、スパイスとハーブの研究・開発を重ねてきたエスビー食品（株）は、いつもの料理にちょっと混ぜたりふりかけるだけで、料理をグンと変身させてくれる「スパイス&ハーブ」の魅力を、消費者とのコミュニケーションを通じて広めています。
　エスビー食品（株）のホームページからは、さまざまなスパイス&ハーブについての情報がご覧になれます。

エスビー食品株式会社
http://www.sbfoods.co.jp/
TEL 0120-120-671

S&B SPICE & HERB

著者紹介：料理制作＆スタイリング
祐成二葉（すけなり　ふたば）

ドイツ国立マイスター校卒業。5年間のヨーロッパ留学を経て、「祐成陽子クッキングアートセミナー」のメイン講師に就任。後輩を育成する一方、出版を中心に料理制作、テーブルコーディネートを数多く手掛け高い評価を得ている。近著に「おにぎり弁当」（大泉書店）、「ホットプレートでおいしいレシピ」（主婦の友社）がある。
祐成陽子クッキングアートセミナー
http://www.sukenari.co.jp
TEL 03-5269-1807

編集協力	エスビー食品株式会社
装丁・デザイン	熊谷　智子
撮影	喜多　剛士
調理協力	高沢紀子、岡田史織

ひと匙のチカラで料理がかわる！
スパイス＆ハーブ簡単レシピ
2007年2月10日　第1刷発行

著　者	祐成　二葉
発行者	三浦　信夫
発行所	株式会社　素朴社
	〒150-0002　東京都渋谷区渋谷1-20-24
	電話：03（3407）9688　FAX：03（3409）1286
	振替　00150-2-52889

印刷・製本　モリモト印刷株式会社

©2007 Futaba Sukenari, Printed in Japan
乱丁・落丁本は、お手数ですが小社宛にお送りください。
送料小社負担にてお取替え致します。
ISBN978-4-903773-00-1　C2377　価格はカバーに表示してあります。

「食べもの」から日本と世界が見えます。
親子で楽しく学べて食育に役立つと大好評！

地図絵本　日本の食べもの

都道府県別に、どんな野菜、くだもの、魚介類がとれるか、イラストで表示した画期的な食べものMAPです。

- 都道府県別の人口、面積、耕地面積、農業産出額や漁獲高の全国順位、おもな農産物と水産物の全国順位を紹介。
- 全国比で生産高、漁獲高が高い食べものを調べ、その都道府県内で最も多くとれる地点にイラストで表示。
- 全国比で生産・漁獲高が上位の食べものの特徴を説明しています。

地図絵本　世界の食べもの

それぞれの国でどんな穀物、野菜、くだもの、魚介類がとれ、主食は何か、ひと目でわかります。

- 各国の人口、面積、耕地面積、主食、おもな農産物を紹介。また、日本にどんな食材を輸出しているかもわかります。
- その国や地域でとれる食べものの特徴を説明しています。
- それぞれの国で比較的多く生産されている農産物や魚介類を紹介。

吉岡　顕／絵　　素朴社編　A4判変型、48ページ、オールカラー　定価：各2,100円（税込）

レシピ絵本

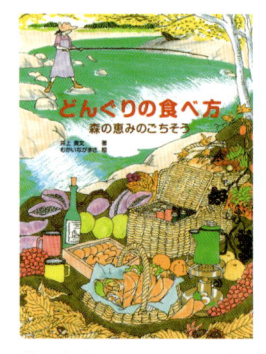

どんぐりの食べ方　森の恵みのごちそう

広葉樹の木の実は立派な食材です。あく抜きにして粉にしたり、粗挽きにすると、さまざまな料理に使え、クッキーなども作れます。いっぱい拾って、どんぐり料理を楽しんでみましょう。

井上貴文／著　むかいながまさ／絵　　B5判変型、32ページ、オールカラー　定価：1,365円（税込）